CITY OF MEMORY
AND OTHER POEMS

BY JOSÉ EMILIO PACHECO
TRANSLATED BY CYNTHIA STEELE AND DAVID LAUER

CITY LIGHTS
SAN FRANCISCO

First City Lights Edition, 1997
© 1986 and 1989 by Ediciones Era
First published as *Ciudad de la memoria* and *Miro la tierra* by
Ediciones Era, Mexico
Translations © 1997 by Cynthia Steele and David Lauer

Cover design by Rex Ray
Book design by Elaine Katzenberger
Typesetting by Harvest Graphics

Library of Congress Cataloging-in-Publication Data

Pacheco, José Emilio.
    [Ciudad de la memoria, English & Spanish]
    City of memory and other poems / by José Emilio Pacheco ;
translated from the Spanish by Cynthia Steele and David
Lauer.
        p.   cm.
    ISBN 0-87286-324-7
    I. Steele, Cynthia.   II. Lauer, David.   III. Pacheco,
José Emilio. Miro la tierra. English & Spanish.   IV. Title.
PQ7298.26.A25C5813   1997
    861 — dc20   96-9670
                                                          CIP

City Lights Books are available to bookstores through our
primary distributor: Subterranean Company, P.O. Box 160,
265 S. 5th St., Monroe, OR 97456. 541-847-5274. Toll-free
orders 800-274-7826. FAX 541-847-6018. Our books are also
available through library jobbers and regional distributors. For
personal orders and catalogs, please write to City Lights Books,
261 Columbus Avenue, San Francisco, CA 94133.

CITY LIGHTS BOOKS are edited by Lawrence Ferlinghetti
and Nancy J. Peters and published at the City Lights Bookstore,
261 Columbus Avenue, San Francisco, CA 94133.

CONTENTS

City of Memory: Poems 1986-1989

I Watch the Earth: Poems 1983-1986

CITY OF MEMORY

AND OTHER POEMS

PREFACE

JOSÉ EMILIO PACHECO, POET
RUMMAGING THROUGH THE RUINS

by Cynthia Steele

The most important Mexican poet of the genera-
tions following Octavio Paz, José Emilio Pacheco
combines the broad cultural erudition of an Alfonso
Reyes with the clean, spare style and deceptively sim-
ple vocabulary of a writer who has absorbed the
lessons of both the Romance- and English-language
poetic traditions as well as the classics. Like his
Nicaraguan neighbor, Ernesto Cardenal, Pacheco is a
"conversational poet" confiding in the reader every-
day experiences which, in their understated telling,
assume symbolic import. But while Cardenal's poems
recall those of Walt Whitman in their expansive,
lusty celebration of revolution and creation,
Pacheco's convey a more sober, and a more sombre
view of life, from a vantage point that is at once Latin
American and universal.

Pacheco has left behind both the baroque, self-
consciously literary rhetoric of his early poems and
the overt anti-imperialism of his poetry of the 1970s.
He has settled into a liberal humanist voice that is by
turns despairing and cautiously hopeful. *City of Memory*
may very well be his most significant poetry collec-
tion to date. It touches on his major literary obses-

sions: the destructive effects of time; the essential ego-
tism and cruelty of the natural world, with mankind at
its violent center; and the capacity of the human spirit
to achieve momentary transcendence and to stub-
bornly maintain hope in spite of everything.

José Emilio speaks humbly, as just one of twenty
million citizens of Mexico City in the late twentieth
century, which is to say as a survivor of a brave revo-
lutionary experiment that has degenerated into cor-
rupt authoritarianism and increasing inequality, both
domestically and vis-à-vis the U.S. empire. An enemy
of dogma and intolerance, Pacheco discreetly cham-
pions human rights, but always in the subdued tones
of irony and understatement. Meditating on the
excruciating tension in human nature between cruelty
and compassion, selfishness and generosity, he por-
trays the Mexican citizen as a solitary soul rummag-
ing through the ruins of Mexico, searching for signs
of the nation's impending rebirth.

City of Memory is an ark for *this* millenium, a lumi-
nous fountain of insight and compassion for these,
our troubled times.

Seattle, 1996

I WATCH THE EARTH IN TWELVE HOUSE, UNDER THE FIFTH SUN

by David Lauer

Built upon the remains of the Aztec capital, Tenochtitlán, Mexico City has come to symbolize many things. Events here often echo through the strata of history, and the sounds one hears are accompanied by a faint chorus of lingering voices.

On September 19, 1985, a massive, terrifying earthquake shook the foundations of the city and claimed thousands of lives. José Emilio Pacheco's epic poem, *I Watch the Earth*, captures the city's many voices and blends them together to create a multilayered vision of this tragic quake. One voice tells us that humans are inconsequential, at the mercy of events beyond our comprehension: disaster is understood as the logical consequence of the way that we have regarded the Earth and have treated each other. A more intimate voice recollects the city of years gone by, speaking through the pain caused by its loss to time and the earthquake's devastation. Anonymous heroes and faceless victims share the city with wealthy politicians who have fattened themselves on money scraped from the walls they weakened. Dust and death are everywhere and inescapable. Fleeting gestures of solidarity and compassion bring hope.

Pacheco composed *I Watch the Earth* with a framework of five sections, comprised of twelve stanzas each. Curious as to whether this structure adds to the poem's meaning, I explored the significance of the numbers 5 and 12 in Mexican history. What I discovered was startling, more so because when I shared my findings with Pacheco, he informed me that he had not consciously intended the connections that had been revealed.

Searching for the Aztec equivalent of 1985, I found that the match is "Twelve House." Twelve House also marked the year (1517) that Gerónimo de Aguilar, an early Spanish explorer, was shipwrecked on the island of Cozumel. He learned the local Mayan dialect, and when Hernán Cortés arrived in Mexico he made use of de Aguilar, along with Malintzin, a Native polyglot, to create a translation triangle that flowed from Spanish to Mayan to Nahuatl (the Mexica-Aztec language), and back again. This was how Cortés acquired the information he needed to vanquish the Mexica-Aztec empire and to subjugate the rest of the Mesoamericans.

The ancients spoke of five suns, each of which represented an era, and each of which ended in catastrophe. We now live in the days of the fifth sun, *Ollintonatiuh* (Sun of Movement). The center of the Aztec calendar, an elongated "X" shape with a face in the middle, represents the five suns; each arm of the X corresponds with one of the suns, and the circular face in the middle is *Nahui Ollin*, the last of the five. In Nahuatl, *Ollin* means both movement and earthquake, which is the way the ancients prophesied that the last sun would end.

As if by design, the poem's structure subconsciously evokes pre-Columbian Mexico, and thus, it may be perceived as a metaphor for the subtle, yet stubborn persistence of the Mexica-Aztec world vision. Mexico's recent history is tacitly connected with events of the past. Words that flowed from a shipwrecked sailor's mouth, from a Native woman's tongue, are somehow tied to the tremors of September 19, 1985. Prophecies of doom from one tradition are held within the apocalyptic structure of another.

I Watch the Earth is an epic of disaster that transcends national boundaries, and Pacheco's verses suggest that the end of this world is clearly one of humanity's options. Seemingly unrelated events are incomprehensibly linked, as are the fates of distant neighbors. We are reminded that the vicious cycles inherited from the past must be broken if we are to build a new culture from the wreckage of history.

Chihuahua, Chihuahua, 1996

PRÓLOGO

PACHECO: POETA DE LA TERRIBLE CIUDAD DE LA MEMORIA

por Juvenal Acosta

La imagen bíblica del profeta aullante predicando en el desierto: ojos ulcerados — más por aquello que han tenido que testimoniar forzosamente, que por el sol terrible del mediodía arenoso — y conciencia abrasada por la quemadura atroz de su propia inteligencia sentenciada a presenciar la implacable destrucción; su admonición siempre lúcida. La imagen del bardo intransigente en su crítica despiadada, su vergüenza por los actos cometidos por otros en nombre de la usura, la plusvalía y el progreso, demonios de la civilización occidental. La voz enronquecida de aquel que pide un momento de reposo en la batalla, una tregua para que los muertos puedan ser enterrados dignamente, un instante de respiro y reflexión.

Con el fin del siglo ha llegado el momento en que el profeta ve con horror cómo a su alrededor se van cumpliendo sus presagios, el advenimiento de la noche oscura de la que, ahora sí, no hay salida. No puede consolarse con la confirmación amarga de que finalmente sus predicciones fueron ciertas. Qué mezquino consuelo sería este. El bardo-profeta recorre con sus ojos la ciudad—o lo que queda de ella — mira a su alrededor cómo en las calles de la urbe, oscurecidas por el humo y la sangre, apenas quedan unos magros retazos de carne que se disputan los

INTRODUCTION

PACHECO: POET OF THE TERRIBLE
CITY OF MEMORY

by Juvenal Acosta

The Biblical image of the howling prophet preaching in the desert: his eyes blistered, more by what they've been forced to witness than by the sandy mid-day sun; his conscience seared by an intelligence on fire, doomed to behold the implacable destruction; his warning, always lucid. The image of the intransigent bard: his merciless criticism; his shame at the acts perpetrated by others in the name of usury, profit, and progress — demons of Western civilization. The hoarse voice of the one who demands a pause mid-battle, a truce so the dead can be buried with dignity, a moment of peace and reflection.

With the end of the century, the moment has arrived in which the horrified prophet sees his predictions being fulfilled, the coming of the dark night from which — now, truly — there is no escape. He cannot console himself with the bitter confirmation that, in the end, his premonitions were correct all along. What petty consolation that would be! The Bard-Prophet looks out over the city — or what's left of it — and sees the urban streets darkened by smoke and blood, where all that remains are some miserable scraps of meat that dogs and hungry children are fighting over.

perros y unos niños hambrientos. En José Emilio Pacheco, poeta y profeta son la misma, indivisible persona. José Emilio Pacheco, poeta-PrOfETA, pasará a la historia como el bardo del siglo de la destrucción, y como ya pasaron a ella los nombres de los grandes poetas urbanos: Catulo, Juvenal, Cavafis, Vallejo, Pessoa, Eliot, Ginsberg.

La metropolis que habita José Emilio es la que él mismo ha llamado "la primera post-ciudad". La que violaron hace siglos—y continúan violando hoy día—la ambición de Occidente y sus lacayos. Ciudad donde los dioses fueron humillados y una espada en forma de cruz degolló la garganta noble de sus sacerdotes y poetas. La que repetidamente se mantuvo de pie ante la bofetada y el escupitajo. Ciudad que amorosamente acogió en la muerte a sus jóvenes más bellos, masacrados en una plaza llamada Tlatelolco. Ciudad estercolero de la corrupción. Ciudad mil veces caída cada día, y mil veces puesta nuevamente de pie. Ciudad que la protesta justa de la tierra—y que nosotros llamamos "terremoto" por carecer de un mejor vocabulario—fracturó para siempre hoy hace once años. Ciudad rota como la pelvis de la Kahlo. Ciudad hija predilecta de Tlazolteotl, diosa de las cosas inmundas. Hermosa ciudad del desastre y la memoria: muy noble y leal y lacerada Ciudad de México.

La voz de José Emilio Pacheco no pretende dar forma a esta suma de dolores y agonías, ni es la voz de aquellos que no hablan por ellos mismos; su voz es la voz individual, trémula e indignada, de la pérdida y la desolación que se eleva con el humo negro de la hoguera de su tiempo—el nuestro. La poesía de José

In José Emilio Pacheco, poet and prophet are the same indivisible persona. José Emilio Pacheco — Poet-PrOphET — will pass into history as the bard of the century-of-destruction, just as the other great urban poets have already passed: Catullus, Juvenal, Cavafy, Vallejo, Pessoa, Eliot, Ginsberg.

The metropolis in which José Emilio lives is the one he has named "the first post-city." The city that was raped centuries ago — and continues to be violated—by the ambition of the Occident and its footmen. City where the gods were humiliated, and where a sword in the shape of a cross sliced the noble throats of its priests and poets. The one that has repeatedly withstood the slap in the face and spit in the eye. City that lovingly embraced her finest young people in their death — massacred in a plaza called *Tlatelolco*. City, dunghill of corruption. The one that falls a thousand times a day, and a thousand times gets up again. City that the Earth's justifiable protest — which we still call "the earthquake" for lack of a more precise vocabulary — ripped apart forever eleven years ago today. City broken like the pelvis of "la Kahlo." City, favorite daughter of *Tlazolteotl*, goddess of filth. Beautiful city of disaster and memory: most noble and loyal and lacerated Mexico City.

José Emilio Pacheco's voice doesn't attempt to give shape to this sum of pains and agonies, nor is it a voice for those who do not have their own; his is an individual voice, trembling and indignant, of loss and desolation, ascending with the black smoke from the bonfire of his time — ours, as well.

Emilio es una colección de ecos y de avisos, de señalamientos. Su capacidad de sufrimiento y compasión por el dolor ajeno es asombrosa, tanto, que nos hace a veces preguntarnos cómo es posible que en un solo hombre quepan tanta conciencia al rojo vivo y tanto amor por su "semejante" —mi semejante: mi asesino. En el tiempo ineludible de los asesinos, José Emilio es quien nos dice y nos recuerda, no sin ironía, qué es lo que debemos proteger y rescatar. Pacheco es verdaderamente nuestro hermano mayor, aquél que nos llama a la cordura y a veces nos reprocha nuestros vicios, aquel que casi se siente responsable por nuestra infelicidad.

¿Con qué se queda un hombre que da tanto? Desde hace 33 años, a partir de la publicación de su primer libro de poemas, *Los elementos de la noche*, José Emilio ha dedicado su vida a ofrecernos una obra tan rica y diversa que solamente puede compararse con el cuerpo de trabajo ofrecido por otros dos grandes escritores mexicanos: Alfonso Reyes y Octavio Paz. Cito al escritor uruguayo Hugo J. Verani, gran estudioso de su obra: "[Su trabajo] se ramifica simultáneamente en cuatro áreas confluyentes de la creación y la reflexión: poesía; narrativa (cuento y novela); divulgación cultural (investigación histórica y literaria, redacción editorial, periodismo); otras formas literarias (traducciones y adaptaciones, guiones teatrales y cinematográficos)."[1]

---

[1] Esta cita y la siguiente provienen del prólogo al libro *La hoguera y el viento: José Emilio Pacheco ante la crítica*, Selección y Prólogo de Hugo J. Verani. Ediciones Era/Universidad Nacional Autónoma de México, 1993.

José Emilio's poetry is a collection of echoes and announcements, of indications. The extent of his suffering and compassion for our human tragedy is astonishing, making us wonder how he can bear such a white-hot conscience and so much love for his fellow man — my fellow man: my murderer. In the unavoidable time of the assassins, José Emilio is the one who tells us and reminds us what it is that's important to protect and rescue. Pacheco is truly our older brother, the one who calls us to our senses and, sometimes, reproaches us for our vices; the one who feels almost responsible for our unhappiness.

What is left to a man who gives so much? For thirty-three years, since the publication of his first book, *The Elements of Night*, José Emilio has devoted his life to creating a body of work so rich and diverse that it can only be compared to that created by two other great Mexican writers: Alfonso Reyes and Octavio Paz. I quote the Uruguayan writer Hugo J. Verani, a dedicated Pacheco scholar: "[Pacheco's work] branches simultaneously into four confluent areas of creation and reflection: poetry; fiction (short-story and novel); cultural research (historical and literary research, editorial work, and journalism); and other literary genres (translations and adaptations, drama and film screenplays)."[1] Like

---

[1] This quotation and the next one come from the introduction to the book *La hoguera y el viento*, Selected and Introduced by Hugo J. Verani. Ediciones Era/Universidad Nacional Autónoma de México, 1993.

Como Reyes y Paz, esta versatilidad y universalidad intelectuales, poco frecuentes en nuestras sociedades contemporáneas, donde el éxito fácil ha sustituido al exhaustivo trabajo investigativo y literario, han colocado a Pacheco en un lugar más que notable de las letras de Hispanoamérica en nuestros días.

José Emilio es, sin duda, uno de nuestros más lúcidos interlocutores. Pero su misión — con frecuencia —no es fácil ni placentera. Su poesía nos habla, como si estuviéramos con él sentados a la mesa, de la enorme dificultad que representa el intentar darle sentido al crepúsculo de nuestro tiempo humano. "Poeta de la desolación [nuevamente Verani], dominado por presagios de finalidad, ha ido despojándose progresivamente de la retórica establecida y de la noción del poema estilizado, para adquirir . . . un decir plenamente afín con la sensibilidad contemporánea, conversacional, epigramático y de exacta sobriedad, que se vuelca sobre múltiples experiencias cotidianas con aguda conciencia e irreverente ironía desmitificadora." Quienes descreemos de los tristes privilegios de la vida contemporánea, podemos conversar con su poesía como lo haríamos con un amigo.

Pero la pregunta sigue abierta: ¿Con qué se queda José Emilio? Correspondámosle al menos con el abrazo de nuestra lectura atenta y agradecida. De mucho nos ha rescatado José Emilio convirtiéndose en la conciencia en llamas de estos nuestros días sobre la tierra.

San Francisco, California
19 de septiembre de 1996

Reyes and Paz, this intellectual versatility and universality — rare in our contemporary societies where easy success has replaced disciplined literary work and research — have placed Pacheco in a prominent position in modern Spanish American letters.

José Emilio is, no doubt, one of our most lucid interlocutors. But quite often his work is neither easy, nor pleasant. His poetry speaks to us — as if we were sitting with him around a table — of the enormous difficulty involved in trying to make sense out of the twilight of humanity. To quote Verani again, "Poet of desolation, dominated by premonitions of finality, he has progressively stripped away established rhetoric and notions of stylized poetry in order to achieve . . . a voice that is concordant with contemporary sensibility — conversational, epigrammatic, and level-headed — turning everyday experience upside-down with a sharply honed consciousness and a disrespectful, demythifying irony." Those of us who have our doubts about the sad privileges of contemporary life can converse with his poetry the way we would with a friend.

But the question remains unanswered: What does José Emilio keep for himself? At least, we can accord him the embrace of our attentive and grateful reading. He has rescued us from many evils by becoming the burning conscience of these, our days on Earth.

San Francisco, California
September 19, 1996

Ciudad
de
la Memoria

Vivimos todos en la ignorancia total,
en la ciudad de la Memoria. Borrada.
—Enrique Lihn, *París, situación irregular*

City
of
Memory

Translated by Cynthia Steele

We all live in total ignorance,
in the city of Memory. Erased.
—Enrique Lihn, *Paris, Irregular Situation*

CARACOL

(Homenaje a Ramón López Velarde)

Tú, como todos, eres lo que ocultas. Debajo
del palacio tornasolado, flor calcárea del mar
o ciudadela que en vano
tratamos de fingir con nuestro arte,
te escondes indefenso y abandonado,
artífice o gusano: caracol
para nosotros tus verdugos.

Ante el océano de las horas alzas
tu castillo de naipes, tu fortaleza erizada.
Vaso de la tormenta,
recinto de un murmullo que es nuevo siempre.
Círculo de la noche, eco, marea,
tempestad en que la arena se vuelve sangre.

Sin la coraza de lo que hiciste, el palacio real
nacido de tu genio de constructor,
eres tan pobre como yo,
como cualquiera de nosotros.
Asombra que tú sin fuerzas puedas levantar
una estructura milagrosa, insondable.
Nunca terminará de resonar en mí
lo que preserva y esconde.

SEA SNAIL

(Homage to Ramón López Velarde)

You, like all of us, are what you conceal. Under
the iridescent palace, calcified ocean flower
or citadel that we try in vain
to simulate,
you hide, defenseless and forlorn,
artifice or worm, a mere snail
to us your executioners.

Before an ocean of hours you raise
your house of cards, your spiny fortress.
Vessel of the storm,
cradle of murmurs ever new.
Circle of night, echo, tide,
tempest where sand turns to blood.

Stripped of the armor you made, royal palace
born of your builder's genius,
you are as poor as I,
as any of us.
A weakling, you can raise
a marvelous, baffling structure.
What it preserves and hides
shall echo forever in me.

En principio te pareces a los demás: la babosa,
el caracol de cementerio.
Y eres frágil como ellos y como todos.
Tu fuerza reside
en el prodigio de tu concha,
tu evidente y recóndita manera
de estar aquí en el planeta.
Por ella te apreciamos y te acosamos. Tu cuerpo
no importa mucho y ya fue devorado.
Ahora queremos autopsiarte en ausencia, hacerte
un millón de preguntas sin respuesta.

Defendido del mundo en tu exterior interno
que te revela y te cubre, estás
prisionero de tu mortaja,
expuesto como nadie a la rapiña.
Durará más que tú, provisional habitante,
tu obra mejor que el mármol,
tu *moral de la simetría*.

A vivir y a morir hemos venido.
Para eso estamos.
Pasaremos sin dejar huella.
El caracol es la excepción.
Qué milenaria paciencia
irguió su laberinto irisado,
la torre horizontal en que la sangre del tiempo
pule los laberintos y los convierte en espejos,
mares de azogue opaco que eternamente

At first glance you look like the rest:
the garden slug, the land snail.
And you are as fragile as any of them.
Your strength resides
in your prodigious shell,
your obvious and recondite way
of being here on the planet.
We admire you for it and badger you. Your body
is expendable and has already been devoured.
Now we'll hold your autopsy in absentia, pester you
with a thousand impossible riddles.

Safe from the world in your internal exterior
that both reveals and shelters you,
prisoner of your shroud,
most vulnerable of all to birds of prey.
It will outlast you, provisional tenant,
your work of art finer than marble,
your *moral of symmetry.*

We have come to live and die.
That's what we're here for.
We'll pass on without a trace.
Except for the snail.
What millennial patience
erected its iridescent labyrinth,
horizontal tower where the blood of time
polishes labyrinths into mirrors,
seas of opaque quicksilver eternally

ven la fijeza de su propia cara.
Esplendor de tinieblas, lumbre inmóvil,
la superficie es su esqueleto y su entraña.

Ya nada puede liberarte de ti:
Habitas el palacio que secretaste.
Eres él. Sigues aquí por él. Estás siempre
envuelto en tu perpetuo sudario.
Lleva impresa la huella de tu cadáver.

Pobre de ti,
abandonado, escarnecido, tan blando
si te desgajan del útero
que es también tu cuerpo, tu rostro,
la justificación de tu invisible tormento.
Cómo tiemblas de miedo a la
     intemperie,
expulsado
de los dominios en que eras rey
y te veneraban las olas.
De nuevo Moctezuma ante Cortés
que llega de otro mundo y viene armado
por los dioses de hierro y fuego.

Del habitante nada quedó en la playa sombría.
La concha que fue su obra
vivirá un poco más
y al fin también se hará polvo.
Cuando termine su eco

watching the staring of its own face.
Glimmer of twilight, static flame,
Its surface: both skeleton and entrails.

Now nothing can free you from yourself:
You dwell in the palace that you secreted.
You are it. It keeps you here,
wrapped in a perpetual shroud
bearing the imprint of your corpse.

Poor thing,
mocked and forlorn, so soft
if they rip you from the uterus
that is also your body, your face,
pretext for your invisible torment.
How you tremble with fear
at the mercy of the elements,
expelled
from the kingdom
where you were worshiped by the waves.
Once again Moctezuma meets Cortés,
come from another world, armed
by the gods of iron and fire.

Nothing is left of the occupant on the gloomy beach.
The shell, its masterpiece,
will live on a bit longer
before it, too, turns to sand.
When its echo ends

perdurará sólo el mar
que está muriendo desde el principio del tiempo.
Es plenitud su clamoroso silencio.

Agua que vuelve al agua, arena en la arena,
sangre que se hunde en el torrente sanguíneo,
circulación de las palabras en el mar del idioma:
la materia que te hizo único,
pero también afín a nosotros,
jamás volverá a unirse, nunca habrá nadie
igual que tú, semejante a ti,
siempre desconocido en tu soledad
pues, como todos,
eres lo que ocultas.

only the sea will endure,
and it has been dying since the beginning of time.
Its clamorous silence is plenitude.

Water turns back into water, sand to sand,
blood sinks into the bloody stream,
ebb and flow of words in the sea of language.
The stuff that made you unique,
but also our kin,
never again shall meet; there will never be anyone
quite like you, similar to you,
unfathomable in your solitude,
since, like all of us,
you are what you conceal.

DOS POEMAS DE SLIGO CREEK

1. EL ARROYO

El arroyo de aguas clarísimas parte los bosques
en dos mitades de luz solar que se vuelven visibles
en el silencio de las hojas.

Nada anuncia en el reposo trémulo que adentro
el sol ha gestionado la combustión
de los colores otoñales. Así
estas generaciones de las hojas
se despiden del mundo.

No hay belleza
como la de una hoja a punto de secarse
y caer al suelo,
para que la tierra en donde sus restos
van a ser vida
sea fecundada por la nieve.

TWO POEMS FROM SLIGO CREEK

1. THE STREAM

The stream of crystal water cleaves the woods
into two halves of sunlight taking shape
in the silence of the leaves.

Nothing in the quivering stillness reveals that inside
the sun has ignited the blaze
of autumn color. Thus
generations of leaves
take leave of the world.

No beauty can match
the leaf as it withers
and falls to the earth,
so the soil, where its carcass
turns to life,
is made fertile by the snows.

2. LA ESCARCHA

Escarcha,
hielo que es casi tul o nieve de plata
en las ramas de filigrana: los árboles
que fueron y serán
(a diferencia de nosotros).

Es hora
de ponerse de pie y decir adiós,
de guardarse otro año
en el cuerpo que no da más.

Orden cruel y perfecto de este mundo:
la simetría
de los cristales
petrificados en el bosque muerto;
el hielo que ha de romperse,
la nieve que será nube,
el desierto
del *ya me voy* en silencio.

2. FROST

Frost,
ice that is nearly tulle or silver snow
on the filigree branches: the trees
that once were and shall be again
(unlike us).

It is time
to stand up and say good-bye,
to pack away another year
into a body that can bear no more.

Cruel and perfect order of the world:
the symmetry
of crystals
petrified in the dead woods;
ice that must break,
snow turning back into clouds,
the desert
of *I'm leaving now* in silence.

HAMLETIANA

Hondo es el aire que nos contiene
y en él,
en alguna de sus cavernas,
debe de estar guardado lo que dijimos.

Archivo sin cuento
de *words, words, words,*
el blablablá interminable
que sólo es aire para que el aire lo escuche.

HAMLETIAN

Deep is the air that holds us
and inside,
in one of its caves,
what we said must be stored.

Bottomless archive
of words, words, words,
endless blahblahblah
that is only air for the air to hear.

LA SAL

Si quieres analizar su ser, su función
su utilidad en este mundo,
no puedes aislarla:
tienes que verla en su conjunto.

La sal
no son los individuos que la componen
sino la tribu solidaria. Sin ella
cada partícula sería como un fragmento de nada,
su acción perdida en un agujero negro inasible.

La sal sale del mar.
Es su espuma
petrificada.
Es mar
que seca el sol
y así al final, ya rendido,
ya despojado de su gran fuerza de agua,
entra en la playa y se hace piedra en la
      arena.

La sal es el desierto en que hubo mar.
Agua y tierra
reconciliados,
la materia de nadie:
por ella sabe el mundo a lo que sabe estar vivo.

SALT

If you want to analyze its essence, function,
its use in this world,
you can't isolate it:
it must be seen in context.

Salt
is not the parts that make it up,
but the unified tribe. Without that
each particle would be a fragment of nothingness,
its action drained into a remote black hole.

Salt springs from the sea.
It is sea foam
petrified.
It is ocean
dried up by the sun
and so, finally exhausted,
stripped at last of its great water strength,
it flings itself on the beach and turns to stone on the
    sand.

Salt is the desert where once was sea.
Water and earth
reconciled,
matter belonging to no one:
through it the world knows the taste of living.

CÉSAR VALLEJO

Mala para mis huesos esta humedad
que penetra como un cilicio.

Aquí sucumbe de luz de mar el nativo
de tierra adentro, de ciudades altas,
secas o muertas.
México en el páramo
que fue bosque y laguna
y hoy es terror y quién sabe.

Por la ventana
entra el aire de Lima,
la humedad
como una forma de llanto.

En este viernes
15 de abril,
a medio siglo
de que murió Vallejo.

Y uno habla y habla.

CÉSAR VALLEJO

Bad for my bones, this dampness
that penetrates like a hair shirt.

Here, a native from the interior,
high cities, dried-up or dead,
succumbs to the ocean light.
Mexico City in the wasteland,
once forests and lakes,
now terror and who knows what.

In through the window
flows the air of Lima,
dampness
like weeping.

On this Friday,
April 15,
half a century
after Vallejo died.

And one talks and talks.

BOGOTÁ

Dura ciudad entre las dos montañas.

La niebla
hace más real lo que sucede aquí abajo.

BOGOTÁ

Hard city between two mountains.

The fog
makes what happens down here more real.

GOTA DE LLUVIA

Una gota de lluvia temblaba en la enredadera.

Toda la noche estaba en esa humedad sombría

que de repente

iluminó la luna.

RAINDROP

A raindrop quivered on the vine.

All of night was caught in that damp darkness

suddenly illuminated

by the moon.

PERRA VIDA

Despreciamos al perro por dejarse
domesticar y ser obediente.
Llenamos de rencor el sustantivo *perro*
para insultarnos.
Y una muerte indigna
es *morir como un perro.*

Sin embargo los perros miran y escuchan
lo que no vemos ni escuchamos.
A falta de lenguaje
(o eso creemos)
poseen un don que ciertamente nos falta.
Y sin duda piensan y saben.

Así pues,
resulta muy probable que nos desprecien
por nuestra necesidad de buscar amos,
por nuestro voto de obediencia al más fuerte.

A DOG'S LIFE

We despise dogs for letting themselves
be trained, for learning to obey.
We fill the noun *dog* with rancor
to insult each other.
And it's a miserable death
to die like a dog.

Yet dogs watch and listen
to what we can't see or hear.
Lacking language
(or so we believe),
they have a talent we certainly lack.
And no doubt they think and know.

And so
they probably despise us
for our need to find masters,
for our pledge of allegiance to the strongest.

PAPEL DE TRAPOS VIEJOS

Devoro un poco más de realidad.
Y aquí estamos:
llega noviembre y el pasado inmenso
hace ver el futuro que me falta
como una prenda de vestir encogida
por el gran ajetreo en la lavadora.

Un millón de partículas o instantes
pasaron como flechas por sus tejidos.
Desgaste.
Desgaste esos minutos o años o sobresaltos.
Aluvión de agua hirviendo
y shock del agua helada.

Quedó raida
la ropa que iba a ponerme mañana.
Ya no sirve mi traje recién lavado
que muestra las arrugas de su provisional
    habitante,
el aire más bien triste aunque meritorio
de quien se acaba por servir, cae en la cuenta
de que no sirve ya su servidumbre,
su utilidad para encarnar el tiempo
que habrá de descarnarlo.

PAPER FROM OLD RAGS

I devour a little more reality.
And here we are:
November comes and the immense past
reveals the future left to me
like a garment shrunk
by the furious spinning of the washing machine.

A million bits or moments
shot through its fabric like arrows,
wearing it out.
Worn out by those minutes or years or spins.
The flood of boiling water
and the shock of ice-cold water.

Threadbare:
the clothes I was going to put on tomorrow.
My newly washed suit no longer fits,
showing the wrinkles of its temporary occupant,
the rather sad but deserving air
of someone who wastes away in servitude, only to
    realize
that his servitude no longer serves him well,
his ability to flesh out time,
which will strip away his flesh.

Un trapo,
un trapo viejo el cuerpo.
Si algo de él sobrevive
será en cajón de sastre para servir de remiendo
a otros vestuarios, o ser enviado al molino
en que de trapos viejos, cartones sucios
se hace el papel en blanco.

A rag,
the body is an old rag.
If some piece of it survives,
it will end up in the scrap drawer,
to be used for mending other wardrobes,
or it will be sent to the mill,
where, from old rags, dirty cardboard,
they make blank sheets of paper.

LOS VIGESÉMICOS*

I

Porque en el siglo sexto alguien hizo sus cuentas
y llamó año primero
a la fecha impensable en que nació Cristo,
ahora para nosotros el terror del milenio,
los tormentos del fin de siglo.

Tristes de quienes saben
que caminan sin pausa hacia el abismo.
Sin duda hay esperanza
para la humanidad.
Para nosotros en cambio
no hay sino la certeza de que mañana
seremos condenados:
— *el estúpido siglo veinte,*
primitivos, salvajes vigesémicos —

con el mismo fervor con que abolimos
a los *decimonónicos,* autores,
con sus ideas, sus actos e invenciones,

*El término *vigesémicos* fue acuñado por Francisco Montes
de Oca.

THE TWENTIETH-CENTURIANS*

I

Because someone in the sixth century counted up
and called the inconceivable year when Christ
  was born
Year One,
now the terror of the millennium,
the torments of the *fin-de-siecle* are ours.

Pity those who know
they are walking straight toward the abyss.
No doubt there is hope
for humanity.
For us, on the other hand,
there is only the certainty that tomorrow
we shall be condemned:
— *the stupid twentieth century;*
its primitive, savage inhabitants —

with the same fervor we used to banish
the *nineteenth-centurians,* authors,
with their ideas, their acts and inventions,

---

*The term *vigesémicos* [twentieth-centurians] was coined by
  Francisco Montes de Oca.

del siglo veinte, el siglo que no existe
sino en la imaginación de quienes miran
crecer la noche en este campo de sangre,
este planeta de alambradas, este
matadero sin fin que está muriendo
bajo el peso de todas sus victorias.

II

Red de agujeros nuestra herencia a ustedes,
los pasajeros del veintiuno. El barco
se hunde en la asfixia,
ya no hay bosques, brilla
el desierto en el mar de la codicia.

Llenamos de basura el mundo entero,
envenenamos todo el aire, hicimos
triunfar en el planeta la miseria.

Sobre todo matamos.
Nuestro siglo fue
el siglo de la muerte.
Cuánta muerte,
cuántos muertos en todos los países.

Cuánta sangre
la derramada en esta tierra.
Y todos
dijeron que mataban por el mañana:

from the twentieth century, which only exists
in the imagination of those who watch
night gathering on this field of blood,
this planet of barbed wire fences, this
endless slaughterhouse that is dying
beneath the weight of all its victories.

II

A net full of holes is our legacy to you,
passengers of the twenty-first century. The ship
is sinking for lack of air,
there are no more forests, the desert
shimmers in an ocean of greed.

We filled up the earth with trash,
poisoned the air, made
poverty triumphant on the planet.

Above all we killed.
Our century was
the century of death.
So much death,
so many dead in every country.

So much blood
spilled on this earth.
And everyone
said they were killing for the sake of tomorrow:

el porvenir de azogue, la esperanza
que fluyó como arena entre los dedos.

Bajo el nombre
del Bien
el Mal se impuso.

Sin duda hubo otras cosas.
Para ustedes
queda el reconocerlas.

Por lo pronto
se acabó el siglo veinte.

Nos encierra
como el ámbar prehistórico a la mosca,
dice Milosz.
Pidamos con Neruda
piedad para este siglo.

Porque al fin y al cabo
creó este presente el porvenir que choca
con el pasado.

Fue un instante el siglo;
un segundo su fin.

Nos despedimos
para dormir en la prisión del ámbar.

the quicksilver future, the hope
sifting like sand through our fingers.

In the name
of Good
Evil was imposed.

Doubtless there were other things.
It is up to you
to recognize them.

For now
the twentieth century has ended.

It encloses us
like prehistoric amber traps the fly,
says Milosz.
Let us plead, along with Neruda,
for *pity for this century.*

Because after all
this present created the future that is crashing
into the past.

The century lasted an instant
and ended in a second.

We say good-bye
and go to sleep in the amber prison.

CERTEZA

Si vuelvo alguna vez por el camino andado
no quiero hallar ni ruinas ni nostalgia.

Lo mejor es creer que pasó todo
como debía.
Y al final me queda
una sola certeza:
haber vivido.

CERTAINTY

If I come back down this road sometime,
I don't want to find either ruins or nostalgia.

It's best to believe that everything happened
as it should.
And to be left in the end
with a single certainty:
of having lived.

PAREJAS

Los insectos se acoplan sobre el agua
con una precisión que Nijinsky hubiera envidiado.
Coreografía ensayada millones de años.

Se juntan sin hundirse, sacan su
        fuerza
de la corriente y el abismo, logran
la pareja perfecta, el amor total.
Cumplen con creces lo esperado de ellos.

Tratamos de imitarlos y no es lo mismo.

COUPLES

Insects mate on the water
with a precision Nijinsky would have envied.
Choreography practiced for millions of years.

They join together without sinking, draw their
    strength
from the rapids and the abyss, become
the perfect couple, total love.
They meet our expectations and then some.

We try to copy them, and it's not the same.

LA MAGIA DE LA CRÍTICA

Para mí y para muchos es lo mejor del mundo.
No cesaremos nunca de alabarlo.
Jamás terminará la gratitud
por su música incomparable.

En cambio para Strindberg todo Mozart
es una cacofonía de gorjeos cursis.

La variedad del gusto,
la magia de la crítica.

THE MAGIC OF CRITICISM

For me and many others he is the best in the world.
We will never tire of singing his praises.
Our gratitude
for his incomparable music is infinite.

For Strindberg, on the other hand, all of Mozart
is a cacophany of pretentious warbling.

The variety of taste,
the magic of criticism.

LA CENIZA

La ceniza no pide excusas a nadie.
Se limita a fundirse en el no ser,
a dispersarse en concentrada grisura.

La ceniza es el humo que se deja tocar,
el fuego ya de luto por sí mismo.

Aire nuestro que fue llama y ahora
no volverá a encenderse.

ASHES

Ashes beg no one's pardon.
They simply melt into non-being,
scatter in concentrated grayness.

Ashes are smoke you can touch,
fire mourning itself.

This air of ours that once was flame and now
will never flare up again.

ANGULO DEL AJUSCO

De repente es azul este verdor pulido por la lluvia,
musgo en la piedra inmensa que cierra el paso
y protege
a la ciudad que sube a destruirlo.

Pero no lo hará nunca: aunque tale los árboles,
nada podrá contra la roca viva
que es de una pieza y descendió completa
de otra era geológica, otra estrella,
un planeta hecho todo de montañas.

BEND IN THE AJUSCO MOUNTAIN

This greenness polished by rain suddenly turns blue,
moss on the immense rock blocking the path
and shielding
the city climbing up to destroy it.

But it never will: while it may fell trees,
it is helpless against the living rock,
which descended whole, in one piece,
from another geological era, another star,
a planet made up totally of mountains.

EL JARDÍN EN LA ISLA

El jardín en la isla: aquí las rosas
no florecen: llamean.

Sostienen como nubes entre el verdor
la materia del aire.

¿Qué hemos hecho
para ser dignos de esta gloria?

Mañana
ya no habrá rosas
pero la mirada
conservará su incendio.

THE ISLAND GARDEN

The island garden: here the roses
do not bloom: they burst into flames.

They balance the air
like clouds amid the greenery.

What have we done
to be worthy of this glory?

Tomorrow
there will be no more roses
but our gaze
will hold their fire.

LLUVIA DE SOL

La muchacha desnuda toma el sol
apenas cubierta
por la presencia de las frondas.

Abre su cuerpo al sol
que en lluvia de fuego
la llena de luz.

Entre sus ojos cerrados
la eternidad se vuelve instante de oro.
La luz nació para que el resplandor de este cuerpo

le diera vida.
Un día más
sobrevive la tierra gracias a ella

que sin saberlo
es el sol
entre el rumor de las frondas.

SUN SHOWER

The nude girl is sunbathing
barely covered
by the presence of the leaves.

She opens her body to the sun,
which, in a rain of fire,
fills it with light.

Behind her closed lids
eternity becomes a golden instant.
Light was born so the sunburst of this body

could give it life.
The earth lives one more day
thanks to her:

Without knowing it,
she is the sun
amid the whispering leaves.

CANCIÓN DEL SAUCE

El que se dobla sin quebrarse, el sauce,
cobra la forma que le dicta el aire
con sílabas veloces, nunca iguales.

Música que se va, tiempo flotante
a la velocidad de vida y muerte.

Resuenan en la tarde
hojas que se desprenden y no vuelven.

Amarga es la canción de los que parten.

SONG OF THE WILLOW

The tree that bends without breaking, the willow
assumes any form the air dictates
in swift syllables, never the same.

Music that flees, time floating
at breakneck speed.

The afternoon resonates with
leaves that fall, never to return.

Bitter is the song of those who depart.

GRANIZADA

Se oscurece la hora. La luz muere
para dejar que lluevan sobre el mundo
los torrentes del aire, el agua alada.

Un minuto después se hace de piedra
la lluvia inaprehensible.
Caen guijarros, esferas iracundas,
kamikazes de hielo contra todo
lo que vive en la tierra.

Estrellas de agua y nada: en un instante
hielan el tiempo y se deshacen. Luego,
si algo hubo aquí, ya todo ha terminado.

HAILSTORM

The hour grows dark. The light dies,
letting loose on the world
torrents of air, winged water.

A moment later the fleeting rain
turns to stone.
Pebbles fall, furious spheres,
ice kamikazes aimed at everything
living on earth.

Stars of water and nothingness: in an instant
they freeze time and come apart. Then,
whatever was here is gone.

TODOS NUESTROS AYERES

Inscribo en la arena errante
la palabra del no volver.

La otra palabra que grabé en la roca
se ha llenado de musgo. La intemperie
la recubrió de tiempo. Y hoy ignoro
qué va a decir cuando por fin la lea.

ALL OUR YESTERDAYS

I inscribe in shifting sand
the word of no return.

The other word I carved in stone
has filled in with moss. The elements
covered it over with time. And now I don't know
what it will say when I read it.

LOS CONDENADOS DE LA TIERRA

París. En el hotel para inmigrantes
descubro un raro insecto que jamás había visto.
No es una cucaracha ni es una pulga.
Lo aplasto y brota sangre, mi propia sangre.

Al fin me encuentro contigo,
oh chinche universal de la miseria,
enemiga del pobre, diminuto
horror de infierno en vida,
espejo de la usura.

Y pese a todo
te compadezco, hermana de sangre:
no elegiste ser chinche ni venir a
    inmolarte
entre los condenados de la tierra.

THE WRETCHED OF THE EARTH

Paris. In the immigrants' hotel
I discover a strange insect I have never seen.
It is neither a cockroach nor a flea.
I crush it and blood spurts out, my own blood.

At last I have found you,
oh universal bedbug of misery,
enemy of the poor, diminutive
horror of living Hell,
mirror of usury.

And in spite of everything,
I sympathize with you, blood sister:
you did not choose to be a bedbug nor to be
    immolated
among the wretched of the earth.

PARA TI

Más que botella al mar o vuelo del vampiro,
roto papel que va hacia ti en la
   calle, el poema.

Una de dos: lo atrapas o lo dejas pasar;
lo lees o lo arrojas a la basura.

El viento sopla donde quiere:
lo lleva a ti o lo conduce a la
   nada.

Es un milagro que tus ojos se posen
en un papel de la calle.

Haz con él lo que quieras.

FOR YOU

Not a bottle at sea nor vampire's flight,
more like a torn scrap of paper blowing toward you
    in the street, the poem.

It's one or the other: you trap it or let it go by;
read it or throw it in the trash.

The wind blows where it will:
putting it in your hand or steering it toward
    nothingness.

It's a miracle that your eyes linger
on a scrap of paper in the street.

Do with it what you will.

ADIÓS A LAS ARMAS

Una tarde llegaron de una ciudad del norte,
o acaso era del centro.
No puedo precisarlo
entre tantas mentiras de los años, la ficción
que llamamos memoria y es olvido que inventa.

María Elvira, Ana, Amalia: nombres del tiempo,
hermanas casi idénticas,
las tres bellísimas,
las tres el sueño
erótico y romántico de quienes
no éramos siquiera adolescentes.

Altivas por hermosas o quizá tímidas
por ser recién llegadas, no nos miraron.
Luchamos por llamarles la atención:
acrobacias en bicicleta, escalamientos y equilibrios
en barandales y cornisas,
juegos de manos, juegos de pelota, peleas de box
— todo inútil.

Perdida la esperanza, Marco Vargas
consiguió no sé cómo su amistad.
Y una noche la madre de las hermanas Armas
nos invitó a su casa.

A FAREWELL TO ARMS

One afternoon they arrived from a city up north,
or maybe from central Mexico.
I couldn't say for sure
after the lies of so many years,
that fiction we call memory,
forgetfulness that invents.

María Elvira, Ana, Amalia: names of another time,
nearly identical sisters,
all three of them lovely,
all three our erotic and romantic
preteenage dream.

Out of vanity or shyness
they never looked at us.
We vied for their attention:
bicycle stunts, scaling and balancing acts
on cornices and railings,
hand games, ball games, boxing matches,
— all of it to no avail.

With all hope lost, Marco Vargas
somehow managed to win their friendship.
And one night the Armas sisters' mother
invited us over.

Sándwiches de paté, Sidral Mundet,
dos horas conversando en plena sala.

Marco y yo
salimos como nunca enamorados de Ana,
María Elvira y Amalia.

Y al día siguiente
las tres volvieron al lugar de origen:
su padre mató a alguien
o fue ascendido a un gran puesto.

Nunca más volvimos a verlas.
Aquella única noche fue el adiós a las Armas.

Paté sandwiches, Mundet cider,[1]
two hours of chatting right in the living room.

Marco and I
left more in love than ever with Ana,
María Elvira, and Amalia.

And the next day
all three of them went back to where they came from:
their father killed someone
or got an important promotion.

We never saw them again.
That one night was our farewell to arms.

---

1. Foods associated with the Mexican urban middle class of the
   1940s. — Trans.

LUZ DE DOMINGO

Luz de domingo. Quietud
doméstica. Trinos
entre la hiedra amarilla.

La tarde
se vuelve noche
en los fresnos.

La tempestad de la historia
por un minuto
acallada.

Baja del aire una paz
provisional
que agradezco.

SUNDAY LIGHT

Sunday light. Domestic
quietude. Trills
amid the yellow ivy.

Afternoon
turns to night
in the ash trees.

For one moment
the tempest of history
is silenced.

Floating down from the air,
a moment's peace,
for which I give thanks.

WALTER BENJAMIN SE VA DE PARÍS (1940)

Acércate y al oído te diré adiós.
Gracias porque te conocí, porque acompañaste
un inmenso minuto de mi existencia.
Todo se olvidará, por supuesto.
Nunca hubo nada y lo que fue nada
tiene por tumba
el espacio infinito de la nada.
Pero no todo es nada:
siempre algo queda.

Tregua entre la adversidad y la catástrofe
y el espanto y la gloria de haber nacido,
quedarán unas horas, una ciudad,
el brillo cada vez más lejano de este mal tiempo.

Acércate y al oído te diré adiós.
Adiós. Me voy.
Pero me llevo estas horas.

WALTER BENJAMIN LEAVES PARIS (1940)

Come closer and I'll whisper good-bye in your ear.
Thank you for letting me know you, for sharing
an immense minute of my existence.
It will all be forgotten, of course.
There never was anything and what was once nothing
has the boundless space of nothingness
for its tomb.
But not everything is nothing:
something always remains.

A truce between adversity and catastrophe
and the fear and glory of having been born,
a few hours and a city will remain,
the ever more distant glow of this sad time.

Come closer and I'll whisper good-bye in your ear.
Good-bye. I'm leaving now.
But I'm taking these hours with me.

BÉCQUER Y RILKE SE ENCUENTRAN EN SEVILLA*

Oscura golondrina, has regresado.
Pero no a sus balcones.

Para nosotros, los más efímeros de todos,
una vez cada cosa. Nada más: nunca más.
Y nosotros también nunca de nuevo.

Hagamos lo que hagamos siempre estaremos
en la actitud del que se marcha.

Así vivimos siempre: despidiéndonos.

*Bécquer: Rima LIII, Número 38 en *Libro de los gorriones*.
Rilke: *Elegías de Duino*, octava y novena.

BÉCQUER AND RILKE MEET IN SEVILLE*

Dark swallow, you have returned.
But not to her balconies.

For us, the most ephemeral of all,
each thing just once. No more: never more.
And we, too, never again.

Do what we will, we'll always be poised
for going away.

Thus we live always: bidding farewell.

*Bécquer: Rhyme LIII, Number 38 in the *Book of Swallows*.
 Rilke: *Duino Elegies*, Eighth and Ninth.

CERÁMICA DE COLIMA

La colección incluye algunas piezas
de las que ocultan los museos.
En varias de ellas
hombre y mujer
forman un solo bloque enlazado.

No son estatuas funerarias sino tal vez
vasijas que contuvieron agua
y saciaron la sed.
O son la pornotopia precolombina,
el edén sexual
de los antiguos mexicanos:
sólo el placer
sin la justificación reproductora.

Así los amantes
llevan más de mil años en el
        abrazo insoluble.
Desde el punto de vista del Apolo
de Praxiteles o la Venus de Milo
no son hermosos.
Pero ellos a su vez encontrarían
poco deseables
las estatuas griegas.

POTTERY FROM COLIMA

The collection includes some pieces
of the sort museums hide.
In several of them
man and woman
form a single entwined block.

They are not funeral statues but perhaps
vases that held water
and quenched thirst.
Or else they are precolumbian pornotopia,
the sexual Eden
of the ancient Mexicans:
sheer pleasure
with no pretext of reproduction.

Thus the lovers
have spent a millenium in
    indivisible embrace.
From the point of view of the Apollo
of Praxiteles or the Venus de Milo
they are not beautiful.
But they, in turn, would find
little to desire
in the Greek statues.

Para las dos figuras de barro
sólo importa el placer,
su placer tan suyo.
Y siguen ligados,
por los siglos amándose,
en piedra que fue lodo original,
humus, magma,
principio y fin de toda vida en la tierra.

Cuando después de tanto amor
se produzca al fin
el orgasmo que comenzó cuando Batu Kan
amenazaba al mundo blanco
que hoy nos desprecia,
estallará el planeta.

Pero entretanto
ellos siguen gozando la libertad
de las bestias que se hacen dioses.

To the two clay figurines
only pleasure matters,
that pleasure all their own.
And they remain entwined,
loving each other through the centuries,
in stone that was primordial mud,
humus, magma,
beginning and end of all life on earth.

When after so much love
they finally reach
the orgasm that began when Batu Khan
was still menacing the white world
that scorns us today,
the planet will explode.

But until that day
they will go on enjoying the freedom
of the beasts who turn into gods.

LOS INDEFENSOS

Tú nunca has resistido operaciones
ni en cine ni en tv. Y ahora también
serás montón de carne sangrante.
Tal vez un muerto más entre los muertos.

Qué humilde te ha tornado el poderío
de la anestesia que se adentra en tu ser.
Pero antes comprendes,
en el segundo lúcido que precede a la sombra,
porqué hacemos el Mal, porqué buscamos
la sensación de omnipotencia, fuente del odio.

Somos los indefensos que se hunden
en la noche que no pidieron.

THE DEFENSELESS

You never could stand operations
in the movies or on TV. And now you, too,
will be a lump of bleeding flesh.
Maybe one more dead man among the dead.

How the tyranny of anaesthesia
has humbled you as it enters your being.
But first you comprehend,
in that lucid instant before the darkness,
why we commit Evil, why we seek
the omnipotence that breeds hatred.

We are the defenseless sinking into
the unbidden night.

LOS MARES DEL SUR

Felicidad de estar aquí en esta playa
aún sin Hilton ni Sheraton.
Arena como al principio de la creación, victoria
de la existencia. Mira cómo salen
del cascarón las tortuguitas.

Observa cómo avanzan sobre la playa ardiente
hacia el mar que es la vida y nos dio la vida.
Prueba esta agua fresquísima del pozo.
No comeremos ni siquiera almejas
por no pensar en nada que recuerde la muerte.

La duración del paraíso: un instante.

Llegan las aves. Bajan en picada
y hacen vuelos rasantes y se elevan
con la presa en el pico: las tortugas
recién nacidas. Y no son gaviotas:
es la Luftwaffe sobre Varsovia.

Con qué angustia se arrastran hacia la orilla,
víctimas sin más culpa que haber nacido.
Diez entre mil alcanzarán el mar.
Las demás serán devoradas.

SOUTHERN SEAS

The joy of being here on this beach,
devoid of a Sheraton or Hilton.
Sand like at the dawn of creation, the victory
of existence. Look how the baby turtles
crawl out of their shells.

Watch how they move down the burning beach
toward the sea which is life and gave us life.
Taste this cool, fresh water from the well.
We won't even eat clams —
nothing to remind us of death.

The duration of Paradise: an instant.

The birds arrive. They swoop down,
skim the water and rise
with prey in their beaks: the turtles
just born. And they are not seagulls:
it is the Luftwaffe over Warsaw.

Anguished, they drag themselves toward the water,
victims whose only crime is being born.
Out of a thousand, ten will reach the sea.
The rest will be devoured.

Que otros llamen a esto selección natural,
equilibrio de las especies.

Para mí es el horror del mundo.

Let others call this natural selection,
survival of the fittest.

To me, it is the horror of the world.

EL ENEMIGO

Allá entre cada una de mis acciones
encuentro siempre al enemigo: el YO,
el fascista de adentro,
el dragón o el erizo cuya boca insaciable
sólo pronuncia verbos:
Quiero, devoro, dame, quítate, reverénciame.

Para su inmensa desgracia
el monstruo no está solo:
habita una mazmorra o una gota de agua
en donde otros feroces devastan
    todo,
corrompen todo,
al son de sus propios himnos individuales:
Quiero, devoro, dame, quítate, reverénciame.

Como no les dan gusto se erizan, luchan.
En lanzas y misiles se transforman sus púas.
Y luego inventan las mejores causas,
los nombres más sonoros, las coartadas perfectas.

Y por eso la bestia nunca se sacia
y en todas partes sigue la matanza.

THE ENEMY

Within each of my actions
I always encounter the enemy: the I,
the fascist within,
the dragon or sea urchin whose insatiable jaws
pronounce only verbs:
I want, I devour, give me, stand aside, worship me.

To its great chagrin
the monster is not alone:
it inhabits a dungeon or a drop of water
where other ferocious creatures lay waste to
    everything,
corrupt everything,
to the chorus of their own individual hymns:
I want, I devour, give me, stand aside, worship me.

Since they are not appeased, they bristle and fight.
Their barbs are transformed into spears and missiles.
And then they invent the noblest causes,
the most grandiose names, perfect alibis.

And so the beast is never satiated
and everywhere the massacre continues.

DE PASO

El tiempo no pasó:
Aquí está.
Pasamos nosotros.

Sólo nosotros somos el pasado.

Aves de paso que pasaron
y ahora,
poco a poco,
se mueren.

IN PASSING

Time did not pass by:
Here it is.
We passed by.

Only we are the past.

Migrating birds that passed overhead
and now,
little by little,
are passing away.

EL CUCHILLO

Dejo a un lado el periódico
o apago
el sombrío
televisor.

Pero el cuchillo sigue aquí.
Está sangrando,
por sanguinario,
el cuchillo de las matanzas.

Tinto en sangre
el día que ya se acaba
de este siglo.

Hasta cuándo
saldremos en qué forma
del matadero
que cubre todo:
página o pantalla,
escenario o abismo,
plaza o calle.

Campo, campo de sangre
el mundo entero.

THE KNIFE

I set aside the newspaper
or turn off
the grim
TV.

But the knife is still here.
It's bleeding,
bloodthirsty,
the butchers' knife.

Stained with blood,
the day now drawing to its end,
this century.

When, and how,
can we escape
from the slaughterhouse
covering everything:
page or screen,
stage or abyss,
plaza or street.

A field, a field of blood,
the whole wide world.

Todos agonizamos en este filo sangrante.

Somos
víctimas del verdugo,
verdugos de la víctima que somos
en este circo sin piedad.

Aquí vemos
matar al que nos mata,
al que matamos.

El mundo
toma la forma del cuchillo.
Morimos
con el siglo que se desangra.

We are all in death's grip on this dripping blade.

We are
victims of the executioner,
executioners of the victim, ourselves,
in this circus without pity.

Here we watch
our own killer killed,
our own victim killed.

The world
takes on the shape of a knife.
We are dying
along with this century
that is bleeding to death.

LIVE BAIT

I

¿Cuántos minutos faltan todavía
para que descomience lo empezado?

Live bait:
descoloridas letras de neón en la noche.
Rumor de arroyo y cascada.
Olor de comida.
Sólo este idioma
distingue (cruel) entre un pez y un pescado.

Live bait:
grandes campos de lodo y en el lodo
se multiplican las lombrices.
Cavan (y no lo saben) para airear la tierra.
Viven (y no lo saben) para servir de carnada.

Aquí venden lombrices: tres veinticinco la docena.
Jack Köning da un trago a su licor (mortal)
y fuma su tobaco (mortífero).

LIVE BAIT*

I

How many minutes are left
before what's begun begins to end?

Live Bait:
parched neon letters in the night.
A humming current, a cascade.
The aroma of food.
Only Spanish
distinguishes (cruelly) between live fish and dead.

Live Bait:
vast fields of mud and in the mud
the worms multiply.
They dig (and don't know it) to aerate the land.
They live (and don't know it) to serve as bait.

Worms Sold Here: $3.25 a dozen.
Jack Köning downs a shot of his (fatal) liquor
and puffs on his (lethal) tobacco.

*Translated by Cynthia Steele and Michael Sisson.

Live bait:
las letras que se encienden y apagan,
ocultan, descubren
nuestra efímera cara.

II

"Pago lo que me como y la pocilga en que vivo
con lo poco que gano", dice Jack Köning,
"recogiendo lombrices: mil por hora,
hasta diez mil ciertos días. Las pobres
agusanadas color carne.
Mejor no hablar de lo que me recuerdan agitándose
en los bolsillos que cubro
de aserrín para absorber lo viscoso
de mis amigas, mis servidoras, mis víctimas.
Soy como ellas: el patrón me deja
tan sólo diez centavos por docena".

Live bait: carnada viviente.

Me ilustra Jack: "Hay dos clases:
Bloodworms que por su abundancia
no valen mucho, y *Nightcrawlers*,
la aristocracia en su género".

Bloodworms: gusanos de sangre.
Nightcrawlers: los que reptan de noche.

Live Bait:
the letters flashing on and off,
hide, reveal
our passing faces.

II

"I pay for my food and the pigsty I call home
with the little bit I make," says Jack Köning,
"collecting worms: a thousand an hour,
up to ten thousand a day. The poor
flesh-colored things.
I'd rather not say what they remind me of, squirming
in the sacks I cover
with sawdust to absorb the slime
of my friends, my servants, my victims.
I'm like them: the boss gives me
just ten cents a dozen."

Live Bait: living lures.

Jack shows me: "There are two kinds:
bloodworms, plentiful
and cheap, and nightcrawlers,
aristocrats of their species."

Bloodworms: worms made of blood.
Nightcrawlers: those who crawl at night.

III

El doctor Freud y el doctor Job
desde la muerte aplauden a este maestro de vida.
Köning resume
sus enseñanzas y experiencias
al llamarnos así: gusanos de sangre
que se afanan y reptan por la noche.

Y eso que las lombrices no hacen la guerra,
no hablan de amor
ni destuyen el mundo para ser ricas y fuertes.

Los peces no torturan.
No cobran nunca
intereses sus bancos.
Como son mudos
son incapaces de mentir y engañar.

Y las lombrices no traicionan a nadie
ni se creen nada.
No se sabe que opriman a otras lombrices.

Clavados
en el anzuelo y también agitándonos,
todos nosotros esperamos, *live bait,*
que muerda el pez y moriremos unidos.

El enemigoaliado / verdugovíctima.
Qué solidaria es la derrota.
Qué mutualismo engendra la catástrofe.

III

Doctor Freud and Doctor Job
applaud this master of life from the grave.
Köning sums up
his teachings and experiences
by calling us this: worms of blood
who toil and crawl through the night.

And yet worms don't make war,
don't talk of love,
or destroy the world so they can be rich and strong.

Fish don't torture.
Their banks don't ever
charge interest.
Since they're mute,
they're incapable of lying and cheating.

And worms don't betray anyone
or put on airs.
They're not known to oppress other worms.

Stuck
on the hook and squirming too,
we are all waiting, *live bait,*
for the fish to bite, and we'll die together.

The enemyally / killervictim.
How unifying is defeat.
What solidarity is forged by catastrophe.

Qué ocupación tan minuciosa
la del odiado en el odiante.

Alguien se beneficia con todo esto.
Alguien que a su vez será pescado por otro
y tampoco lo sabe.

IV

"Cavan el suelo en busca de frescura.
Sólo quieren vivir tranquilas.
Después de la lluvia
salen a respirar y encuentran mi lámpara",
prosigue Jack, "y la cubeta que lleva
a su prisión y exterminio
las lombrices incautas como las truchas".

Incautas no nada más las lombrices y truchas.
Desde el punto de vista de otras galaxias
somos tal vez
peces en el mar de aire, el *maraire*; lombrices
que perforan la tierra, el planeta Tierra.

V

Nadie se burle de los primitivos
pues no se dejan retratar
para que no les roben el alma.
Los primitivos modernos llamamos dioses
a los gigantes invisibles (destino, historia)
que se divierten pescándonos.

What a painstaking business
the hated is for the hater.

Someone benefits from all of this.
Someone who, in turn, will be reeled in by another,
and doesn't know it either.

IV

"They dig in the soil searching for coolness.
All they want is to live at peace.
After it rains
they come out to breathe, and find my lamp,"
Jack goes on, "and the bucket that carries
the worms, gullible as trout,
to their prison and slaughter."

Worms and trout are not the only gullible ones.
From the point of view of other galaxies
we may be
fish in the sea of air, the *airsea;* worms
that perforate the earth, the planet Earth.

V

Don't anyone laugh at the primitives
who won't have their picture taken
for fear of losing their souls.
We modern primitives take for our gods
the invisible giants (Destiny, History)
whose sport is fishing for us.

Yo (que soy tú si te ha enganchado esta línea)
salgo de mi agujero, muerdo el anzuelo
que prometía placer o poder o consuelo o dicha
— o simplemente paz, nirvana, olvido.
Y estoy aquí debatiéndome.

Cómo me han engañado. Qué tonto fui
al suponerme distinto
de mis hermanas las lombrices,
mi hermano el pez (el odiante:
lo que respiro a él lo asfixia).

Live bait, live bait: todos hijos
de nuestra inmisericorde madre la vida
que se alimenta de muerte.
O de la madre muerte que se alimenta de vida:
una de dos o las dos son la misma.

Live bait nosotros también,
los encarnados para ser carnada.
Lombrices pensantes
a quienes programaron con lenguaje y conciencia
para reflexionar en su desdicha.

Y no obstante,
creo en ti,
enigma de lo que existe;
terrible, absurda, gloriosa vida
que no cambiamos (ni en el anzuelo)
    por nada.

I (who am you if this line has hooked you)
come out of my hole, bite the fishhook
that promised pleasure or power or solace or happiness
— or simply peace, nirvana, oblivion.
And here I am struggling.

How they've deceived me. How stupid I was
to think I was different
from my sister the worm,
my brother the fish (the hater:
he suffocates on what I breathe).

Live Bait, Live Bait: all children
of our pitiless mother, life,
who feeds on death.
Or of our mother death who feeds on life:
one or the other or they're both the same thing.

We, too, *Live Bait,*
incarnated for carnage.
Thinking worms
programmed with language and consciousness
to reflect on our misfortune.

And yet,
I believe in you,
enigma of that which exists;
terrible, absurd, glorious life
that we wouldn't trade (not even when on the hook)
    for anything.

Miro
la
Tierra

Miro la tierra, aíslo
en mis ojos, atento, una pulgada.
¡Qué desconsolador, feroz y amargo
lo que acontece en ella!
    —Rafael Alberti, *El otoño, otra vez*

I Watch the Earth

the

Earth

Translated by David Lauer

I watch the earth, concentrate,
trap an inch of it with my eyes.
How disturbing, fierce and bitter
what goes on there!
    —Rafael Alberti, *Autumn, Again*

I. LAS RUINAS DE MÉXICO
(ELEGÍA DEL RETORNO)

> Y entonces sobrevino de repente un gran
> terremoto.
> —Hechos de los Apóstoles 16:26

> Volveré a la ciudad que yo más quiero
> después de tanta desventura, pero
> ya seré en mi ciudad un extranjero.
> —Luis G. Urbina, *Elegía del retorno*

I

1

Absurda es la materia que se desploma,
la penetrada de vacío, la hueca.
No: la materia no se destruye,
la forma que le damos se pulveriza,
nuestras obras se hacen añicos.

2

La tierra gira sostenida en el fuego.
Duerme en un polvorín.
Trae en su interior una hoguera,
un infierno sólido
que de repente se convierte en abismo.

I. THE RUINS OF MEXICO
(ELEGY OF THE RETURN)

> And suddenly there was a great
> earthquake.
> >   —Acts of the Apostles 16:26

> I return to the city I love the most
> after so many years that I have lost
> but I will soon become a ghost.
> >   —Luis G. Urbina, *Elegy of the Return*

I

1

Absurd is plummeting matter,
pierced by the void, then hollow.
No: Matter can never be destroyed,
the form we give it is crushed,
our works shattered.

2

The Earth spins floating on fire,
slumbers on a powder keg.
A bonfire rages in its heart,
a stone inferno
suddenly an abyss.

3

La piedra de lo profundo late en su sima.
Al despetrificarse rompe su pacto
con la inmovilidad y se transforma
en el ariete de la muerte.

4

De adentro viene el golpe,
la cabalgata sombría,
la estampida de lo invisible, explosión
de lo que suponemos inmóvil
y bulle siempre.

5

Se alza el infierno para hundir la tierra.
El Vesubio estalla por dentro.
La bomba asciende en vez de caer.
Brota el rayo en un pozo de tinieblas.

6

Sube del fondo el viento de la muerte.
El mundo se estremece en fragor de muerte.
La tierra sale de sus goznes de muerte.
Como secreto humo avanza la muerte.
De su jaula profunda escapa la muerte.
De lo más hondo y turbio brota la muerte.

3

The deep rock throbs in the cave,
undoes its state of stone.
It breaks its pact with stillness,
becomes death's battering ram.

4

The roar comes from within,
a somber rumbling of hooves,
an invisible stampede, explosion
of what we think unmovable,
and it boils forever.

5

Hell rises up to sink the Earth.
Vesuvius erupts from within.
The bomb ascends instead of falling.
Lightning sprouts from a well of shadows.

6

Death's wind rushes up from the depths.
Death's roar rattles the world.
Death unhinges the Earth.
Death advances like unseen smoke.
Death breaks loose from its subterranean cage.
Death blossoms in the deepest, darkest place.

7

El día se vuelve noche,
el polvo es el sol
y el estruendo lo llena todo.

8

Así de pronto lo más firme se quiebra,
se tornan movedizos concreto y hierro,
el asfalto se rasga, se desploman
la vida y la ciudad. Triunfa el planeta
contra el designio de sus invasores.

9

La casa que era defensa contra la noche y el frío,
la violencia de la intemperie,
el desamor, el hambre y la sed,
se reduce a cadalso y tumba.
Quien sobrevive queda prisionero
en la arena o la malla de la honda asfixia.

10

Sólo cuando nos falta se aprecia el aire.
Sólo cuando quedamos como el pez atrapados
en la red de la asfixia. No hay agujeros
para volver al mar que fue el oxígeno
en que nos desplazamos y fuimos libres.
El doble peso del horror y el terror

7

Day becomes night,
dust is the sun
and, everywhere, the roar.

8

So quickly the firmest things shatter,
concrete and steel begin to sway,
asphalt tears, life
and the city topple. The planet
triumphs over the invaders' designs.

9

Houses that once gave refuge from night and cold,
raging storms,
hostility, hunger and thirst,
are now only scaffolds and tombs.
Survivors trapped deep
in a suffocating web of sand.

10

Only when it vanishes do we appreciate air.
Only when we are trapped like fish
in a suffocating net. There's no way out
no return to that sea of oxygen
where once we wandered free.
The double burden of horror and terror

nos ha puesto
fuera del agua de la vida.

Sólo en el confinamiento entendemos
que vivir es tener espacio.
Hubo un tiempo
feliz en que podíamos movernos,
salir, entrar y ponernos de pie o sentarnos.
Ahora todo cayó. Cerró
el mundo sus accesos y ventanas.
Hoy entendemos lo que significa
una expresión terrible:
sepultados en vida.

11

Llega el sismo y ante él no valen
las oraciones ni las súplicas.
Nace de adentro para destruir
todo lo que pusimos a su alcance.
Sube y se hace visible en su obra atroz.
El estrago es su única lengua.
Quiere ser venerado entre las ruinas.

12

Cosmos es caos pero no lo sabíamos
o no alcanzamos a entenderlo.
¿El planeta al girar desciende
en abismos de fuego helado?
¿Gira la tierra o cae? ¿Es la caída
infinita el destino de la materia?

has cast us
out of life's water.

Only in confinement do we understand
that to live is to inhabit space.
There was once a happy time
when we could move,
leave, enter, and stand up or sit down.
Now everything has collapsed. The world
shut its doorways, its windows.
Today we grasp the meaning
of that terrible expression:
buried alive.

11

The earthquake comes and before it
prayers and pleading are futile.
Spawned in the depths, it destroys
everything we placed in its grasp.
Invisibly it rises up, giving shape to atrocity.
Devastation is its only tongue.
It wants to be worshiped among the ruins.

12

Cosmos is chaos but we never knew,
or we never managed to understand.
Does the planet spin, plunging
into chasms of icy flames?
Does the Earth spin or fall? Is falling
through infinity the destiny of matter?

Somos naturaleza y sueño. Por tanto
somos lo que desciende siempre:
polvo en el aire.

II

> Las piedras que hay en oscuridad y sombra de
>   muerte
> abren minas lejos de lo habitado.
> En lugares ignotos donde el pie no se posa
> se suspenden y balancean.
>   —Job 28: 4-5

1

Crece en el aire el polvo,
llena los cielos.
Se hace de tierra y de perpetua caída.
Es lo único eterno.
Sólo el polvo es indestructible.

2

Avanzo, doy un paso más,
miro de cerca el infierno.
Muere el 21 de septiembre
entre la asfixia y los gritos.

We are nature and dream. And so
we are what eternally falls:
airborne dust.

II

> The rocks that exist in the darkness and in the
>   shadows of death
> open mines in the desert.
> In unsuspected places where the foot never treads
> they hang in the balance.
>
> —Job 28: 4-5

1

Dust grows in the air,
filling the heavens.
It is made of earth and perpetual falling.
It alone is eternal.
Only dust is indestructible.

2

I advance, one more step,
and take a close look at Hell.
September twenty-first dies
amidst screams and suffocation.

Arañamos las piedras y brota sangre.
Todo el peso del mundo se ha vuelto escombro.
La palabra *desastre* se ha hecho tangible.

Se hundió la casa de papel o cuarto de juegos
de un niño inexplicable que al despertar
aplastó sus cubitos de hojalata.
Pero no hay juego.
Sólo personas que se mueren,
gente que ha muerto, seres humanos
que si salieran vivos del tormento entre escombros
habrán dejado en el montón de ruinas
sus brazos y sus piernas.
Nadie está a salvo.
Aun al quedar ilesos hemos perdido
nuestro ayer y nuestra memoria.

México se hizo añicos. Su desplome
retumba al fondo de la noche hueca.

3

De aquella parte de la ciudad que por derecho
de nacimiento y crecimiento, odio y amor,
puedo llamar la mía (a sabiendas
de que nada es de nadie),
no queda piedra sobre piedra.

Esa que allí no ves, que no está
ni volverá a alzarse nunca,

Blood spurts from the rocks we claw.
The weight of the world is rubble now,
the word *disaster* tangible.

It collapsed: the paper house or the playroom
of a fickle child who woke up
and crushed his tin toys.
But it's no game.
Only dying people,
and those already dead. The human beings
who lived through the tempest of debris,
sacrificed their arms and legs
to the mountain of rubble.
No one is safe.
Though we remain unscathed,
our memory and our yesterdays are lost.

Mexico was shattered. Its fall
echoes in the depths of the gaping night.

3

In that quarter of the city that by virtue
of birth, coming of age, hatred and love,
I can call my own (knowing that
nothing belongs to anyone),
there's not one stone left upon another.

That one. Over there. You can't see it because
it isn't there and will never stand again.

fue en otro mundo la casa
donde nací.
La avenida que pueblan damnificados
me enseñó a caminar.
Jugué en el parque
hoy repleto de tiendas de campaña.

Terminó mi pasado.
Las ruinas se desploman en mi interior.
Siempre hay más, siempre hay más.
La caída no toca fondo.

4

Para talar un árbol de cierta edad
no comiences nunca
por el durísimo tronco:
primero corta las raíces,
el cordón que ata el árbol a la tierra,
madre, sustento y memoria.

Para que exista el árbol ha de haber tierra.
Para vivir necesitamos aquello
que derribó el inmenso hachazo en segundos.

5

Suelo es la tierra que sostiene,
el piso que ampara, la fundación

In another world it was the house
where I was born.
The street where the homeless are living
taught me how to walk.
I played in the park
now crammed with tents.

My past is over.
Ruins are crashing down inside me.
There are always more, always more.
They fall but never hit bottom.

4

To fell a tree of a certain age,
never start
with the rock-hard trunk:
first cut the roots,
the cord binding the tree to the earth,
mother, sustenance, and memory.

For a tree to survive, it must have earth.
For us to live, we need
what the great axe splintered in seconds.

5

Soil is the earth that supports,
the ground that shelters, the foundation

de la existencia humana. Sin él
no se implantan ciudades ni puede erguirse el
     poder.
"Los pies en la tierra"
decimos para alabar la cordura,
el sentido de realidad.
Y de repente
el suelo se echa a andar,
no hay amparo:
todo lo que era firme se derrumba.

6

Dondequiera que pises no habrá refugio.
El suelo puede ser de nuevo mar, encresparse.
Hasta el muro más fuerte se halla en peligro.
No se alzan ciudadelas contra el terror.
Nuestra tierra no es tierra firme.

7

A los amigos que no volveré a ver,
a la desconocida que salió a las seis
de la colonia Granjas-Esmeralda o de Neza
para ir a su trabajo de costurera o mesera;
a la que iba a la escuela para aprender

of human existence. Without it
cities can't be sown and nothing will grow and
    prosper.
"Feet on the ground"
we say to praise sanity,
a sense of reality.
And suddenly
the ground begins to walk,
there is no shelter:
All that was solid crumbles.

6

Wherever you tread, there's no refuge.
Land can again turn to sea, rising and falling.
Even the strongest wall is in danger.
No fortress stands against the terror.
Our earth is not *terra firma*.

7

I want to ask something of the friends
I will never see again,
the anonymous woman who left
from Granjas-Esmeralda or Neza[1] at six o'clock
to work as a seamstress or waitress;
the one who was going to school to learn

1. Granjas-Esmeralda and Neza (Nezahualcoyotl) were two of
   the poorest shantytowns in Mexico City. —Trans.

computación o inglés en seis meses,
quiero pedir disculpas por su vida y su muerte.

Ruego que me perdonen porque nunca encontraron
su rostro verdadero en el cuerpo de tantos
que ahora se desintegran en la fosa común
y dentro de nosotros siguen muriendo.

Muerto que no conozco, mujer desnuda
sin más cara que el yeso funeral,
el sudario de los escombros, la última
cortesía del infinito desplome:
tú, el enterrado en vida; tú, mutilada;
tú que sobreviviste para sufrir
primero la caída y poco después
la inexpresable asfixia: perdón.

No pude darles nada.
Mi solidaridad de qué sirve.
No aparta escombros, no sostiene las casas
ni las erige de nuevo.
Pido, al contrario,
para salir de mis tinieblas,
la mano imposible
que ya no existe o ya no puede aferrar
pero se extiende todavía
en un espacio del dolor o un confín de la nada.

Perdón por estar aquí contemplando,
en donde hubo un edificio,

computer programming and English in six months:
Can you forgive me for your life and death?

I beg your forgiveness because no one ever found
your real face on the body of so many
disintegrating now in the common grave,
and still dying inside of us.

The dead man I don't know, the naked woman
whose only face is her death-mask,
her shroud of rubble, the final
courtesy of the endless collapse:
you, buried alive; you, mutilated;
you, who survived to suffer
first the fall and moments later
unspeakable suffocation: Forgive me.

I could give you nothing.
What good is my solidarity?
It doesn't clear rubble, it doesn't hold up houses
or rebuild them.
On the contrary,
to escape from my shadows
I seek the impossible hand
that no longer exists or can no longer grasp
but still remains outstretched
on the edge of nothingness, in aching space.

Forgive me for standing here contemplating
the deep emptied space

el hueco profundo,
el agujero de mi propia muerte.

8

Para los que ayudaron, gratitud eterna,
   homenaje.
Cómo olvidar — joven desconocida, muchacho
   anónimo
anciano jubilado, madre de todos, héroes sin
   nombre —
que ustedes fueron desde el primer minuto de
   espanto
a detener la muerte con la sangre
de sus manos y de sus lágrimas;
con la certeza
de que el otro soy yo, yo soy el otro,
y tu dolor, mi prójimo lejano,
es mi más hondo sufrimiento.

Para todos ustedes acción de gracias perenne.
Porque si el mundo no se vino abajo
en su integridad sobre México
fue porque lo asumieron
en sus espaldas ustedes.
Ustedes todos, ustedes todas,
héroes plurales, honor del género humano,
único orgullo
de cuanto sigue en pie sólo por ustedes.

where once a building stood,
the pit of my own death.

8

Eternal gratitude, everlasting homage to those who
    helped.
How could I forget you — unknown young woman,
    anonymous boy,
retired old man, mother to all,
nameless heroes —
from the very first minute of fear
you held back death with the blood
of your hands and your tears;
with the certainty
that the other is me. I am the other.
And your pain, my distant neighbor,
is my own deepest anguish.

Perennial thanks to all of you.
Because if the entire world
didn't collapse on top of Mexico
it was because you bore its weight
on your own backs.
You, men and women,
heroes many times over, honor of the human race,
the sole pride
of everything left standing because of you.

9

Reciba en cambio el odio,
también eterno, el ladrón,
el saqueador, el impasible, el despótico,
el que se preocupó de su oro y no de su gente,
el que cobró por rescatar los cuerpos,
el que reunió fortunas de quince mil millones
    de escombros
donde resonarán eternamente los gritos
de quince mil millones de muertos.

Que para siempre escuche el grito de los muertos
el que se enriqueció traficando
con materiales deleznables,
permisos fraudulentos de construcción,
reparaciones bien cobradas y nunca hechas.

Cubra la sangre el rostro del ladrón
y jamás encuentre reposo.
La asfixia sea su noche,
su vida el peso conjunto
de todas las paredes arrasadas.

9

Here, in turn, is my eternal hatred
for you: thief, pillager, tyrant,
you who thought about gold instead of your people,
you who charged for bodies recovered,
you who amassed fortunes from fifteen billion pieces
    of rubble[2]
where the screams of fifteen billion dead
will echo forever after.

Make the cries of the dead ring forever in the ears
of those who got rich trafficking
in faulty materials,
false building permits,
over-charged and never-completed repairs.

Let blood cover the thief's face,
and may he never find peace.
Make suffocation his sleep,
his waking, the crushing weight
of all the fallen walls.

---

2. A city offical was reportedly involved in fraudulent building
   contracts that bilked taxpayers of more than 15 billion pesos
   and resulted in the use of substandard building materials. — Trans.

10

Con qué facilidad en los poemas de antes
    hablábamos
del polvo, la ceniza, el desastre y la muerte.
Ahora que están aquí ya no hay palabras
capaces de expresar qué significan
el polvo, la ceniza, el desastre y la muerte.

11

Secamos toda el agua de la ciudad, destruimos,
por usura, los campos y los árboles.
En vez de tierra a nuestras plantas quedó
un sepulcro de fango árido
y rencoroso, malignamente incapaz
de amparar lo que sostenía.

La ciudad ya estaba herida de muerte.
El terremoto vino a consumar
cuatro siglos de eternas destrucciones.

12

El niño que se aburre en el jardín avizora
la columna de hormigas. Van al trabajo
e intercambian informaciones. Qué gran esfuerzo
llevar a cuestas su brizna o su fragmento de mosca.
Qué ordenado parece desde allá arriba
este mundo de hormigas. (En su interior
ha de ser como otro cualquiera

10

With what ease yesterday's poems
    spoke
of dust, ashes, disaster, and death.
Now that they're here, there are no more words
to convey the meaning of
dust, ashes, disaster, and death.

11

We dried up all the city's water, destroyed
the fields and trees *with usury*.
No longer Earth, what lies at our feet
is a sepulcher of dry mud,
now rancorous and evil,
it can't shelter what it once sustained.

The city was already mortally wounded.
The earthquake came to consummate
four centuries of relentless destruction.

12

The bored child in the garden sights
a column of ants. On their way to work,
trading information. What enormous effort
to haul their cuttings or pieces of fly!
From far above, this world of ants
seems so orderly. (From inside
it must be like any other,

y bullir en discordia, tedio, ansiedades,
aguda conciencia
de la mortalidad de todo y todos.)

En la visión del niño las hormigas
semejan partes de un reloj.
Va a romperlo.
Como una forma de poder imbatible
el niño destruye
las columnas, las casas, las galerías.

A unos centímetros
el mundo sigue igual. Crecen las hojas,
el árbol se endurece en su quietud,
cae el polvo en la luz, el tiempo gira
— y la ciudad de hormigas ya no existe,
ya sólo es un montón de ruinas dolientes
y diminutos seres que padecen
su agonía entre escombros.

El niño, concluida su labor,
se dispone a algún otro juego.

ablaze with discord, boredom, anxieties,
and the keen awareness
of everything's and everyone's mortality.)

In the child's eyes the ants
are parts of a watch
he wants to smash.
Taking the form of invincible power
the child destroys
columns, homes, corridors.

A few inches away
the world goes on unchanged. The leaves grow,
a tree silently hardens,
dust falls in the light, time swirls
— and the city of ants no longer exists,
only a painful heap of ruins
and tiny, suffering creatures
squirming in the rubble.

His task accomplished, the child
looks for some new game.

III

Llorosa Nueva España que, deshecha,
te vas en llanto y duelo consumiendo . . .
— Francisco de Terrazas, *Nuevo mundo y conquista*

1

La tierra desconoce la piedad.
El incendio del bosque o el suplicio
del tenue insecto bocarriba que muere
de hambre y de sol durante muchos días
son insignificantes para ella
— como nuestras catástrofes.

La tierra desconoce la piedad.
Sólo quiere
prevalecer transformándose.

2

La tierra que destruimos se hizo presente;
Nadie puede afirmar: "Fue su venganza".
La tierra es muda: habla por ella el desastre.
La tierra es sorda: nunca escucha los gritos.
La tierra es ciega: nos observa la muerte.

3

Los edificios bocabajo o caídos de espaldas.
La ciudad de repente demolida

III

Mournful New Spain, devastated,
you consume yourself with cries and mourning . . .
—Francisco de Terrazas, *The New World and Conquest*

1

The Earth knows no pity.
Forest fires or the pleas
of a feeble insect on its back,
dying of hunger and heat for days on end
are meaningless to her
— as are our own disasters.

The Earth knows no pity.
She only wants
to prevail, ever changing.

2

The earth we destroyed spoke out.
No one can say: "It was her revenge."
The earth is mute: disaster speaks for her.
The earth is deaf: she never hears the screams.
The earth is blind: death watches us.

3

Buildings fallen face down or on their backs.
Suddenly the city's demolished

como bajo el furor de los misiles.
La puerta sin pared, el cuarto desnudo,
harapos de concreto y metal que fueron morada
y hoy forman el desierto de los sepulcros.

4

Mudo alarido de este desplome que no acaba nunca,
las construcciones cuelgan de sí mismas. Parecen
grandes camas deshechas puestas de pie
porque sus ocupantes ya están muertos.
Pesa la luz de plomo. Duele el sol
en la ciudad de México.

5

El lugar de lo que fue casa lo ocupa ahora
un hoyo negro (y representa al país entero).
Al fondo de este precario abismo yacen pudriéndose
escombros y basura y algo brillante.
Me acerco a ver qué arde amargamente en la noche
y descubro mi propia calavera.

6

Isla en el golfo de la destrucción plural indiscriminada,
nunca estuvo tan sola esta casa sola.
No se dobló ni presenta grietas.
Contra la magnitud del sismo la pequeñez
fue la mejor defensa.
Y sigue indemne, pero deshabitada.

as if by the fury of missiles.
A door without walls, a naked room
tatters of concrete and metal that once were homes
today form a desert of tombs.

4

Silently screaming, endlessly falling,
the structures cling to themselves,
huge beds unhinged and upended,
their occupants already dead.
The leaden light weighs heavily. The sun hurts
in Mexico City.

5

The place that was home is now filled by
a black hole (the whole country).
In the depths of this precarious abyss,
rubble, garbage and something brilliant rots.
I move closer to see what burns so bitterly in the night
and discover my own skull.

6

Island in the raging gulf of havoc,
this sunlit house never stood so alone.
It didn't bend or show cracks.
Smallness was the best defense
against the quake's magnitude.
It stands unharmed, but deserted.

Nadie quiere ser náufrago
en este mar de ruinas donde nada previene
contra el oleaje de la piedra.

7

Del edificio que desventró en su furia inconsciente
al embestir el toro de la muerte
brotan varillas como raíces deformadas.
Sollozan hacia adentro
por no ser vegetales
capaces de hundirse en tierra, renacer,
a fuerza de paciencia reconstruirse
y levantar lo caído.

Raíces inorgánicas esas varillas que nada más soportan
su irremediable vergüenza.
Las vencieron
la corrupción y la catástrofe. Parecen
tallos sobrevivientes de árbol caído.
Pero son flechas
que apuntan a la cara de los culpables.

8

Entre las grandes lozas despedazadas, los muros
hechos añicos, los pilares, los hierros,
inesperadamente vi intacta, ilesa,
la materia más frágil de este mundo:
una tela de araña.

Everyone fears shipwreck
in this sea of ruins where nothing resists
the battering waves of stone.

7

Steel rods sprout like deformed roots
from the building gored by the bull of death
in its unconscious fury.
They weep to themselves
because they are not living things.
They can't sink into the ground, be reborn,
or rebuild themselves with sheer patience
and raise what has collapsed.

Those rods are inorganic roots
that bear only their incurable shame.
Corruption and catastrophe
overwhelmed them. They may look like
the last living stems of a fallen tree,
but they are arrows
aimed at the faces of the guilty.

8

Among the broken slabs,
the shattered walls, pillars, iron bars,
I suddenly saw, intact, unscathed,
the most fragile fabric in this world:
a spiderweb.

9

Esos huecos, sembrados
con tezontle color de sangre
o plantas moribundas
que algunos llaman "jardines",
tratan de conjurar la omnipotencia de la muerte
y no logran
sino que llene su vacío la muerte.
(Quizá "vacío"
es el nombre profundo de la muerte.)

Al pisar
los monumentos que la nada erigió a la muerte
sentimos
que allá abajo se encuentran todavía
desmoronándose los muertos.

10

Las fotos más terribles de la catástrofe
no son fotos de muertos. Hemos visto
ya demasiadas. Este el siglo
de los muertos. Nunca hubo tantos
muertos sobre la tierra. ¿Qué es un periódico
sino un recuento de muertos
y objetos de consumo para gastar
la vida y el dinero y ocultarnos tras ellos
contra la omnipotencia de la muerte?

9

Those emptied spaces, sowed
with blood-red pumice
or dying plants
that some call "gardens,"
are plots to conjure away death's omnipotence,
but only death comes
to fill their void.
("Void" may be
death's hidden name.)

When we tread on
the monuments that emptiness erected to death,
far below us
we can feel
the dead still crumbling away.

10

The most horrifying photos of the catastrophe
are not photos of the dead. We have seen
too many of those already. In this, the century
of the dead. Never before have so many dead
peopled the earth. What is a newspaper
if not an inventory of dead people
and consumer goods on which we spend
our money and our lives trying to build a refuge
from death's omnipotence?

No: las fotos más atroces de la catástrofe
son esos cuadros en color donde aparecen muñecas
indiferentes o sonrientes, sin mengua, sin tacha,
entre las ruinas que aún oprimen
los cadáveres de sus dueñas, la frágil vida
de la carne que como hierba ya fue cortada.

Invulnerabilidad de los plásticos, que en este caso
tuvieron nombre
y existencia de alguna forma.
Acompañaron, consolaron, representaron
    la dicha
de aquellas niñas que intolerablemente nacieron
para ver desplomándose su futuro
en el fragor de este fin de mundo.

11

Hay que cerrar los ojos de los muertos
porque vieron la muerte y nuestros ojos
no resisten esa visión.
Al contemplarnos
en esos ojos que nos miran sin vernos
surge en el fondo nuestra propia muerte.

12

Esta ciudad *no tiene historia,*
sólo martirologio.
El país del dolor,

No: The most hideous photos of the catastrophe
are those color pictures of indifferent,
smiling dolls, carefree and unscathed
in the ruins that still crush
their mistresses' corpses, the fragile life
of flesh mown down like a blade of grass.

Invulnerable plastic faces, in this case
they had names
and some kind of existence.
They accompanied and consoled, embodied
    happiness
for those little girls intolerably born
to see their future crumble
in this thundering end of the world.

11

We must shut the eyes of the dead
for they have seen death and our eyes
can't bear that vision.
When we catch a glimpse of ourselves
in those eyes that watch us without seeing,
our own death looms up out of their depths.

12

This city *has no history,*
only martyrology.
Country of pain,

la capital del sufrimiento,
el centro deshecho
del inmenso desastre interminable.

IV

Patria, patria de lágrimas, mi patria.
— Guillermo Prieto

1

Si volvieran los muertos
no te conocerían, ciudad
manchada por el desastre,
capital del vacío.

Fluye la noche inerme que continúa
su infinito desplome
y envuelve las ruinas
con un nuevo dolor que lo cubre todo.

2

Al regresar — me decía — no encontraré lo que
    estuvo.
Unicamente me espera
lo que sobrevivió. Y lo demás
será muñón o árbol talado, allí enmedio

capital of suffering,
the broken center
of the great, unending disaster.

IV

Homeland, homeland of tears, my homeland.
— Guillermo Prieto

1

If the dead returned
they would not recognize you, city
bloodstained by disaster,
capital of the void.

The defenseless night flows on, continuing
its endless plunge,
cloaking the ruins
in a new pain covering everything.

2

When I return — I told myself — I won't find
    what used to be here.
Only what survived
awaits me. All else,
stumps or felled trees, there amidst

de cuanto mordió el polvo, o más bien
de cuanto fue mordido por el polvo.

3

El polvo del derrumbe vibra en el aire.
Es invisible aunque su peso asfixia.
¿No ha de llegar el fin de la catástrofe?
El polvo y las moscas
¿serán los amos de la Nueva España?

4

Al respirar usurpamos
el aire que faltó a los enterrados en vida.
Extraño azar el de seguir aún vivos
en torno de la huella de tantos muertos.

5

Hay terror en la luna que brilla plena entre
     escombros.
Porque la luna es un desierto flotante, un espejo
de lo que nuestra tierra será algún día.
Ni árbol ni pájaro.
Continentes de arena helada, mares sin agua,
rocas toda mudez, toda ceguera,
huellas de un terremoto planetario.
Sólo silencio,
acre silencio que por fin ha anulado,
inumerable, el gran clamor de los muertos.

everything that bit the dust or, rather,
was bitten by the dust.

3

The quake's dust trembles in the air.
Invisible, its suffocating weight.
Will the catastrophe never end?
The dust and the flies,
will they be the lords of New Spain?

4

When we breathe, we usurp
the air that those buried alive needed to survive.
It's a strange fate to be left alive
following the footprints of so many dead.

5

There's terror in the full moon lighting the
     rubble.
For the moon is a floating desert, a mirror
of what our Earth shall become.
Not a single tree, not a bird.
Continents of frozen sand, waterless seas,
rocks rendered mute and blind,
traces of a planetary quake.
Only silence,
bitter silence at last overriding the great
clamor of the countless dead.

6

Lo que ayer fue jardín es hoy tumulto de hojas.
Ya se quemó el otoño, sólo perduran
los árboles inermes en su hojarasca, su ruina.
Y pasado el invierno serán de nuevo
gloria y grandeza.
En cambio los muertos
ya no verán la otra primavera.
La ciudad
jamás renacerá como estas hojas.

7

No existe el pesimismo. Uno apuesta a la
   vida
al levantarse de la cama, hacer proyectos, hablar.
El mundo se sostiene en la creencia
de que la muerte y la tragedia pactaron
nada más con nosotros y nos dejan tranquilos
para que todo siga mediobien, mediomal
— hasta que un día irrumpe la catástrofe.

8

Después de cada gran catástrofe siempre buscamos
advertencias, augurios, premoniciones.
Supongo que se trata de una protesta
contra lo inesperado, una precaria defensa
contra el destastre que aún no llega
— pero jamás es posible

6

Yesterday's garden is now a muddle of leaves.
Fall finally spent itself, only the trees
endure, defenseless in their leaf storm, their ruin.
Once winter has passed, they'll live again
in glory and splendor.
But the dead
will never see another spring.
Unlike these leaves,
the city will never bloom again.

7

There's no such thing as pessimism. You wager your
    life
by getting out of bed, making plans, speaking up.
The world is built on the belief
that death and tragedy have signed a pact
with us alone and will leave us in peace
so that everything can go on half-well, half-badly
— until one day disaster strikes.

8

After every great catastrophe we always look
for warnings, omens, premonitions.
It's a kind of protest against the unexpected,
I suppose, a precarious defense
against disasters yet to come
— but there's no way

no tropezarse dos veces
con el inmenso aerolito
o tapar el océano como un pozo
antes de que los niños se ahoguen.

Naturalmente no faltaron presagios.
Las aguas de Yuriria enrojecieron
en advertencia mágica o geológica.
Muchos gritaron
que iba a llegar el terremoto.
Pero vivir
exige suponernos invulnerables.
De otra manera
no cruzaríamos la calle.
Ahora sabemos
que de nada sirve encerrarse:
cualquier desastre
lleva la muerte al más seguro refugio.

9

Los animales avisaron, intentaron hablar
y no entendimos las señales.
El perro San Bernardo, siempre cordial
y a quien se trata con extremo cariño,
lloró todas las noches meses enteros.

to avoid stumbling again
on the huge meteorite,
or to cap the ocean like a well,
before the children drown.

Of course, there were lots of omens.
The waters of Lake Yuriria[3] turned red
as a magical or geological warning.
Many shouted
that the quake was on its way.
But in order to go on living
we have to think we're beyond harm's reach.
Otherwise
we wouldn't even cross the street.
Now we know
it's useless to lock ourselves inside:
any disaster
brings death to the safest haven.

9

The animals warned us, tried to speak
and we didn't understand their sign language.
The friendly Saint Bernard
whom one treats so lovingly,
cried every night for months on end.

---

3. Yuriria is a lake in the state of Michoacán, México that
   mysteriously reddened shortly before the earthquake. — Trans.

El gato que sólo aspira a comer y a dormir
no cerraba los ojos y escuchaba el subsuelo.
Las viejas cucarachas aumentaron
su pánico ajetreado.
Las hormigas llenaron todas las casas.
Las ratas estuvieron más activas que nunca.
Innumerables peces
se dejaron morir en sus acuarios.

Y nunca habían zumbado tantas moscas azules.

10

Nada es eterno, lo sabíamos;
pero nunca creímos
que nos tocaría ver el final de todo en segundos.
¿Para qué construir ciudades, seguir aquí, tener hijos,
si basta un estallido de la furia ciega sin nombre
para acabar con todo lo que somos?

11

Conquistar el poder, el oro, la forma perfecta
del arte o de los cuerpos. Abrirse paso
hasta la cima imaginaria. Disciplinarse,
     esforzarse.
Negar todo placer y tentación. Alcanzar
la santidad o la maldad suprema.
Llegar a la invisible meta codiciada por tantos.
Subir, plantar la bandera, decirle al mundo:

The cat that wants only food and slumber
kept its eyes open, its ear to the ground.
The ageless cockroaches stepped up
their frenzied panic.
Ants filled all the houses.
The rats were more active than ever.
Countless fish
let themselves die in their aquariums.

And never had so many bluebottle flies filled the air.

10

Nothing lasts forever, we knew it;
but never believed it
would be our fate to see it all end within seconds.
Why build cities, live here, raise children,
if the eruption of a blind, nameless fury is enough
to erase all that we are?

11

To achieve power, wealth, the perfect form
of art or body. Forge ahead
to an imaginary summit. To discipline oneself,
    persevere,
deny all pleasure and temptation. To reach
sainthood or supreme evil.
Arrive at the invisible goal coveted by all.
To climb, raise the banner, say to the world:

quién como yo, admiradme
— y en ese instante se desencadena,
crece, vibra y estalla y derrumba todo
el que nadie esperaba, el terremoto.

12

Parto de aquí bajo la lluvia.
El día en los bosques cayó
y se humedece en las hojas.
Adonde voy no existe ya bosque alguno.
Sólo el desierto de las ruinas
y en torno suyo
lo que aún sigue en pie se afantasma.

V

Facilis descensus Averni.
—*Eneida*, VI:126

1

Era de noche y fuimos a la playa
para buscar almejas y comerlas asadas
en la fogata que encendimos cerca del muelle
petrificado por los años.

"There is no one like me, sing my praise"
— and at that moment have the most unexpected
    thing
break loose, rumble, grow, and explode,
leveling everything. The earthquake.

12

I am leaving here in the rain.
Night fell in the forests,
turning to dew on the leaves.
Where I am going there are no more forests.
Only the wasteland of ruins
and around it
what is still left standing vanishes in thin air.

V

Facilis decensus Averni.
— *Aeneid*, VI:126

1

It was night and we went to the beach
to dig for clams and roast them
in the bonfire we built by the dock
petrified by the years.

Cuánto poder nos daban las tinieblas.
Cavábamos la arena y descubríamos
a la almeja en quietud. Todo el reposo
transformado en tortura y muerte.

Aquella noche no pensamos en esto.
Mucho menos en que algún día
la ciudad iba a correr la misma suerte
de la almeja en la playa.

2

Una semana antes del desastre encontraron
los restos del *Titanic* en el fondo del mar.
Pasado el terremoto dijimos todos:
la ciudad zozobró en la tierra,
se estrelló contra un témpano invisible,
cayó de pronto en un abismo de polvo,
lo más hondo se alzó para devorarla.

(Aquí también como en el *Titanic*
el mayor número de víctimas se observa
en el pasaje de tercera clase.)

3

Desde el punto de vista de quien murió
o ha sufrido las consecuencias,
durante esos minutos
el universo se cayó,
se derrumbaron planetas.

What power the darkness gave us!
We dug in the sand and found
the quiet clam, its repose
transformed into torture and death.

That night we didn't think about this.
Much less that someday
the city would share the same fate
as the clam on the beach.

2

A week before the disaster they found
the *Titanic's* remains at the bottom of the sea.
When the quake subsided all of us said:
"Crashed against an invisible iceberg,
the city capsized in the earth
collapsed at once in a chasm of dust.
The depths rose up to devour it."

(Here, as on the *Titanic*,
most of the victims held
third-class tickets.)

3

In the eyes of those who died
or suffered the consequences,
during those minutes
the universe collapsed,
planets fell asunder.

149

Fue una catástrofe cósmica:
galaxias desplomándose, hoyos negros
devorando el espacio entero.
El espacio entero fue un hoyo negro que consumió
la vida como hasta entoces la entendimos.

4

Era tan bella (nos parece ahora)
esta ciudad que odiábamos y nunca
volverá a su lugar.

Hoy una cicatriz parte su cuerpo.
Jamás podrá borrarse. Siempre estará,
dividiéndolo todo, el terremoto.

5

Nadie pensó en las siete como una hora
propicia a los desastres. Más bien creímos
que las grandes catástrofes sólo ocurren de noche.
En sí misma la noche parece trágica
(las tinieblas, velos del mal;
la oscuridad sinónimo de luto.)
Nos alarma la noche pues nadie sabe
si el sol reaparecerá a la hora debida.
En la ancestral caverna inventamos de noche
a los demonios y a los dioses.
Reservamos la noche para la muerte.
En cambio transformamos la mañana

A cosmic catastrophe:
plummeting galaxies, black holes
devouring all space.
All space was a black hole consuming
life as we'd known it till then.

4

It was so beautiful (so it now seems),
this city we hated
which will never be the same.

Today a scar splits its body.
Never to be healed, always there,
dividing everything, the earthquake.

5

Nobody thought of 7 A.M. as an hour
for disasters. Rather, we thought
great catastrophes happen only at night.
The night itself seems tragic
(shadows, cloaks of evil;
darkness, sister of sorrow.)
Night alarms us since nobody knows
if the sun will reappear on cue.
At night, in the ancestral cavern, we invent
demons and gods.
We reserved the night for death,
then made the dawn

en símbolo de vida y renovación,
esperanza en una palabra.
Todo nos fue inculcando la creencia
de que al volver el sol quedan deshechos
los miedos y los males
y la luz que lo inventa protege el mundo.
Así pues, nos duele como una doble traición
el terremoto de las siete.

6

Cuánto tiempo debe estar guardada la lluvia
en una tierra que desconoce la nieve
para que en la secreta primavera del valle
se abran las flores en su eterno comienzo,
reverdezcan los árboles, brote la hierba
y la belleza del mundo
se oponga a la fealdad que es culpa nuestra.

7

He visto muchas veces a las ratas de México,
las grandes habitantes de la noche de México:
despanzurradas, envenenadas, pudriéndose.
Sólo una vez miré su plenitud escurridiza.
Era un alba de piedra entresemana.
Las ratas me siguieron por San Juan de Letrán,
esquina tras esquina, retadoras, burlándose
con chillidos bien descifrables:
"No oses dañarnos ni nos veas desde arriba.
Mucho menos cantes victoria.

a symbol of life and renovation,
in a word, hope.
Everything instilled in us the belief
that the returning sun dissolves
fear and evil,
and the light that invents the world protects it.
That is why the seven o'clock quake
wounds us like a double betrayal.

6

How long must the rain be stored
in an earth ignorant of snow
so that the valley's secret spring
may be an eternal beginning, a blooming of flowers,
the trees grow green again, the grasses sprout,
allowing the world's beauty
to combat the ugliness we create.

7

I have seen Mexico's rats many times,
the glorious inhabitants of Mexico's night:
disemboweled, poisoned, putrefying.
Only once did I glimpse their elusive plenitude.
It was a weekday morning, a dawn of stone.
The rats followed me along San Juan de Letrán,
block after block, challenging, mocking me
with easily decipherable squeals:
"Don't you dare hurt us or scorn us,
let alone celebrate your victory.

Quieras o no
la última risa será nuestra."

Frente al Salto del Agua me dejaron en paz.
No adiós sino hasta luego me dijeron las ratas:
"*Nos vemos* allá abajo".

8

No he vuelto a ver gorriones,
los ocelados sin ley ni hogar ni futuro
que eran los dueños de la calle, los amos
de los árboles moribundos
y las cornisas en ruinas.

No he vuelto a ver gorriones ni palomas.
Hoy esta es la ciudad de las moscas azules.

9

Enjambran, tejen, amotinan, deslíen
su rococó zumbante las moscas azules
en su traje de luces que un día también
será bordado en mi taller de tinieblas.

Minueto, rumba, vals de circo o marcha guerrera,
vibra la danza de las moscas azules
en esta que es ahora la ciudad de los muertos.

Like it or not,
we'll have the last laugh."

In front of Salto del Agua they left me alone.
It wasn't farewell, but so long, they said:
"Be seeing you down below."

8

I haven't seen any more sparrows,
the homeless, lawless, futureless spotted birds
who were lords of the street, kings
of the dying trees
and crumbling cornices.

I haven't seen any more sparrows or pigeons.
Now this is the capital of bluebottle flies.

9

The bluebottle flies swarm, weave,
rage, unleash their rococo buzzing
in their "suit of lights"[4] that one day will also
be embroidered in my shadow factory.

Minuet, rumba, circus waltz, or military march,
the dance of the bluebottle flies pulsates
in this, the city of the dead.

---

4. A *traje de luces* or "suit of lights" is the ornate uniform, adorned
   with sequins, that matadors wear in a bullfight. —Trans.

Angeles condenados al subsuelo y hoy
  al escombro,
abejas poderosas: todas son reinas.
Qué democracia la de estas moscas azules.
Qué poderío el de las incansables que retan
con el color y el zumbido.
Qué saber y gobierno de las moscas azules,
las dueñas y señoras de este valle de
    México.

La dictadura de las moscas azules,
omnipotentes victoriosas, vencedoras soberbias.
La siempre invicta fuerza aérea implacable,
el orgullo más grande y más humilde
entre las huestes de la muerte.

Ellas no tienen miedo de la noche de México.
Son las nuevas luciérnagas. Se adueñan
de las tinieblas y las hienden brillando.
Sólo las moscas
reinan entre el estrago y se apropian de todo.
Las flores del desastre, las pregoneras
de los muertos que hay en el aire.

10

La hija de la muerte se va a morir también.
Patalea
la mosca azul agonizante que expira ahíta
del cadáver en que nació. Ha devorado

Angels once condemned to the underworld, now to
    the rubble,
powerful bees: you are all queens.
How democratic, these flies!
Such power in these untiring insects,
so defiant, their buzzing and hue!
The bluebottle flies are our elders and betters.
They are the ladies and queens of this Valley of
    Mexico.

Dictatorship of the bluebottle flies,
victorious, omnipotent, proud conquerors.
Invincible, implacable air force,
greatest and most humble pride
among all the legions of death.

They don't fear Mexico's night.
They are the new fireflies. They master
the darkness and pierce it with their glow.
Only the flies
reign over this devastation, seizing everything.
Blooms of disaster, harbingers
of the dead in the air.

10

Death's daughter will also die.
With its last gasp
the dying bluebottle fly twitches, gorged
on the corpse that nurtured it. It has devoured

todo su capital pero a la vez ha cumplido
con su deber y su ética.

Vivió para ultimarnos, para limpiar
el mundo de la carroña que finalmente somos.

No hay mosca azul para la mosca azul.
El triunfo de la muerte beneficia por último
a las dueñas del mundo: las hormigas.

11

Jamás aprenderemos a vivir
en la epopeya del estrago.
Nunca será posible aceptar lo ocurrido,
hacer un pacto con el sismo, decir:
"Lo que pasó pasó y es mejor olvidarlo.
Pudo haber sido peor. Después de todo
no son tantos lo muertos."
Pero nadie se traga estas cuentas alegres.
Nadie cree en el olvido.
Estaremos de luto para siempre.
Los muertos
no morirán mientras tengamos vida.

12

Con piedras de las ruinas hay que forjar
otra ciudad, otro país, otra vida.

1986

all its capital by carrying out
its duty, its work ethic.

It lived to finish us off, to purge
the world of the rotting flesh that we are in the end.

There's no bluebottle fly for the bluebottle fly.
The triumph of death eventually benefits
the true rulers of the world: the ants.

11

We will never learn to live
in this epic of devastation.
It will never be possible to accept what happened,
to make peace with the quake, say:
"What happened, happened; it's better to forget.
It could have been worse. After all,
not that many people died."
But no one swallows these fairy tales.
No one believes in oblivion.
We will forever be in mourning.
The dead
shall not die as long as we are alive.

12

With stones from the ruins, we must forge
another city, another country, another life.

1986

II. LAMENTACIONES Y ALABANZAS

Me dije: Lo peor ha quedado atrás,
ya soy viejo.
Lo peor aún está por venir,
sigo vivo.
Pero, si quieres saberlo,
fui feliz,
a veces un día entero,
a veces toda una hora.
Es bastante.
          —Jaroslav Seifert, *El monumento a la peste*

LAMENTACIONES

CETRERÍA DE CAÍN

Soy dueño de un espléndido animal.
Tiene garfios brutales para sacarte los ojos,
pico de acero y dientes de ratón
para roerte las entrañas.

Su único defecto es ser bicéfalo y doble.
A cada golpe de su garfio y su pico
me deja hecho pedazos.

Todo lo que hace contra los demás
al mismo tiempo lo ejecuta en mi cuerpo.

II. LAMENTATIONS AND PRAISES

> I said to myself, "The worst is behind me,
> I'm old now."
> The worst is yet to come,
> I'm still alive.
> But, if you really want to know,
> I was happy,
> sometimes for a whole day,
> sometimes for a whole hour.
> That's enough.
> —Jaroslav Seifert, *Monument to the Plague*

LAMENTATIONS

CAIN'S FALCONRY

I am the owner of a splendid animal.
He has brutal claws to rip out your eyes,
an iron beak and a rat's teeth
to gnaw your entrails.

Being two-headed and double is his only defect.
With every thrust his claws and his beak
rip me to shreds.

Everything he does to others
he does at the same time to me.

A LA ORILLA DEL GANGES

A la orilla del Ganges aguardé
por espacio de cuatro siglos,
el cadáver de mi enemigo.

Vi pasar en el agua restos de imperios,
pero no los despojos de mi enemigo.

En el proceso me volví piedra, planta,
    raíz
y luego un poco de basura flotante
que se llevó entre sus ondas el Ganges.

Qué decepción:
jamás me vi pasar,
nunca supe que yo era mi enemigo.

LAS TERMITES

A las termites dijo su señor:
Derribad esa casa.
Y llevan no sé cuántas generaciones
de perforar, de taladrar sin sosiego.

Hormigas blancas como el Mal inocente,
esclavas ciegas y de incógnito;
dale que dale en nombre del deber,
muy por debajo de la alfombra,
sin exigir aplauso ni recompensa
y cada cual conforme con su trocito.

BY THE BANKS OF THE GANGES

For four long centuries
I waited for my enemy's corpse
by the banks of the Ganges.

On her waters I saw the ruins of empires float by,
but never the remains of my enemy.

Along the way I turned to stone, became a plant, a
    root
and then a floating piece of trash,
carried away on the waves of the Ganges.

How disappointing:
I never saw myself go by,
I never learned that I was my enemy.

THE TERMITES

And their lord said unto the termites:
Bring down that house.
And they have worked at it for countless generations,
boring holes, endlessly drilling.

Like Evil disguised as innocence, pale-faced ants,
blind, anonymous slaves,
worked on and on in the name of duty,
far beneath the carpet,
never expecting applause or recompense
each one content with its tiny reward.

Millones de termites se afanarán
hasta que llegue el día en que de repente
el edificio caiga hecho polvo.

Entonces las termites perecerán
sepultadas en la obra de su vida.

DE PUNTA EN BLANCO

Gran pulcritud la de este baño lustral
que me absuelve
de mi propia miseria cada mañana.
Renazco de la noche y el sudor
y otras sustancias malolientes.
Y voy de punta en blanco, claro que sí,
a batirme de fango en el chiquero.

EL CORTESANO

De tanto condescender ha llegado a doblarse para
    siempre.
Su nariz topa con la punta del pie.
No levanta la voz ni alza la cara.
Se impulsa con las manos que ya son como patas.
Una vez consumada la abdicación de su yo
y la entrega absoluta al César,
lo mandan cuestabajo de un puntapié
— y desciende rodando.

Millions of termites will labor zealously
until the day comes when all at once
the building will collapse in a cloud of dust.

Then they'll perish,
buried under their life's work.

PRIM AND PROPER

This great, immaculate, shining bath
absolves me
of my own wretchedness each morning.
I emerge from sleep and night sweats
and the stench of other substances, reborn.
And I head out, squeaky clean, you bet,
to slop around the pigsty in the slime.

THE COURTIER

Excessive condescension has bent him
      forever.
His nose now brushes the tip of his toes.
He never raises his voice or his gaze.
He propels himself with insect-like hands.
Once he has totally abdicated his "self"
and completely surrendered to Caesar,
they send him off with a swift kick
and he goes tumbling down.

"YO" CON MAYÚSCULA

En inglés "yo", es decir "I",
se escribe siempre con mayúscula.
En español la lleva pero invisible.

"Yo" por delante
y las demás personas del verbo
disminuidas siempre.

Por eso qué presunción decirle al mundo:
"Yo soy poeta".
Falso: "yo" no soy nada.
Soy el que canta el cuento de la tribu
y como "yo" hay muchísimos.

Ocupamos el puesto en el mercado
que dejó el saltimbanqui muerto.
Y pronto nos iremos y otros vendrán
con su "yo" por delante.

SOLITARIA

En el jardín de niños ninguna historia
me impresionó como el relato de Pedro.
Durante años
Pedro llevó en su vientre una tenia,
una serpiente blanca, una solitaria,
albina y ciega, que también era Pedro.

"YO" WITH A CAPITAL "I"

In English, *"yo"* is "I,"
and it's always capitalized.
In Spanish, the cap is understood, but invisible.

"I" comes first,
and the other verb forms
are always diminished.

That's why it's so presumptuous to tell the world
"I am a poet."
Wrong: "I" am nothing.
I'm the one who sings the story of the tribe
and there are many more like "me."

We have the spot at the market
where the dead jester used to be.
And soon we will leave and others will come
with their "I" out in front.

TAPEWORM

In kindergarten none of the stories
impressed me like Pedro's.
For years, Pedro carried a tapeworm in his belly,
a white serpent, a blind, albino
tapeworm that was also Pedro.

Así llevamos todos muy adentro la muerte,
sin conocer su forma hasta que un día
sale de su escondite y dice: vámonos.

"FUMANDO ESPERO"

Fumar, humear para taparse la cara.
Bípedo pulpo entre su tinta de humo.
Insecto exhalante,
mimetizado con el humo industrial
que vuelve crematorios a las ciudades.

Fumar, humear para meterse la nada
dentro del cuerpo como quien traga puñales.
Humo tenaz que se resuelve en otro humo:
montón de huesos que el cremador pulveriza
con su martillo entre fumada y fumada.

EL REY HA MUERTO

"Ya somos libres. Se acabó la opresión.
Desmantelemos el obsceno palacio.
En nuestra tierra no volverá a haber tiranos."

Todo esto dijo y a continuación
se vistió con el manto y la corona,
aún manchados de sangre, del rey depuesto.

We, too, carry death deep inside
never recognizing it until one day
it comes out of its hiding place and says: "time to go."

"FUMANDO ESPERO"[5]

Smoking up a storm to hide his face.
A biped octopus in his ink of smoke.
An exhaling insect
mimicking the industrial pall
turning our cities into crematoria.

Smoking up a storm to fill his body
with nothingness, like a sword-swallower.
Clinging smoke that becomes a different smoke:
a pile of bones for the cremator to pulverize
with his hammer, drag after drag.

THE KING HAS DIED

"We're free now. The oppression has ended.
Let's tear down the obscene palace.
Never again will there be tyrants in our land."

As he said all this
he donned the mantle and crown
still stained with the blood
of the deposed king.

_____

5. The title of a tango from the 1920s, literally, "Smoking, I
    Wait." —Trans.

ANFITEATRO

Atormentamos muchos animales con un propósito
    cientifico:
para saber de nosotros mismos,
conocernos por dentro.

Atormentamos hombres y mujeres
para lograr el triunfo de la bondad
o el fracaso del Mal (según convenga).

Alguien está afilando el bisturí
que ha de sacar al aire nuestros nervios sangrantes,
los monstruosos conductos digestivos.

El público va entrando en el anfiteatro
y escoge los lugares de mejor vista.

ALABANZAS

I

El instante se ha llenado de azul.

Caminamos bajo la monarquía absoluta del
    sol.

Hay un total acuerdo
entre el estar aquí y estar vivos.

AMPHITHEATER

We torture countless animals in the name of
    science:
to find out about ourselves
and see how we work inside.

We torture men and women
in the name of righteousness
or the defeat of Evil (whichever suits us).

Someone is whetting the scalpel
that will lay bare our bleeding nerves,
our monstrous digestive tracts.

The audience is filing into the amphitheater,
vying for the seats with the best view.

PRAISES

I

The moment has filled up with blue.

We walk along under the absolute monarchy of the
    sun.

There is complete harmony
between being here and being alive.

II

Alabemos el agua que ha hecho este bosque
y resuena
entre la inmensidad de los árboles.

Alabemos la luz
que nos permite mirarla.

Alabemos el tiempo
que nos dio este minuto y se queda
en otro bosque, la memoria, durando.

III

La tierra está impregnada de olor a mar.
La gloria de la tarde se alza en espuma.

IV

La noche se vuelve lluvia y desciende
a la negrura de la tierra,

crisol tangible
de la materia que se inventa siempre.

La oscuridad se dispersa
en las gotas de húmeda lumbre.

El agua enciende el alba.
Es su dádiva
otro día más de vida.

II

Let us praise the water that made this forest
and now resounds
in the immensity of trees.

Let us praise the light
that lets us look upon it.

Let us praise time
that gave us this moment, that stands,
everlasting, in the forest of memory.

III

The Earth is saturated with sea smell.
The glory of dusk rises in foam.

IV

Night turns into rain and falls
into the blackness of the earth,

a tangible crucible
of ever-renewing matter.

The darkness disperses
in drops of dampened flame.

Water ignites the dawn.
Its gift
is one more day of life.

V

Tinta, sal y en la página ardiente
toma la forma
en que tu interna oscuridad se ilumina.

VI (HAIKÚ DE LA IBM PC)

Letras de luz
trazando en la pantalla
el poema que no existía.

VII

Cama del sueño, lecho del amor, gabinete
de la lectura y la poesía, nave sin ancla
de la vida que va y no vuelve:
qué resignada esperas en silencio
ser al fin escenario de la muerte.

VIII

Sepia es el descolor de las fotografías amarilleantes
que en pocos años más se habrán borrado
(como sus pobladores fantasmales).

La vida adquiere consistencia de aire.
Permanece la luz
dentro y fuera del marco.

V

Ink, come to the burning page,
take the form that
sheds light on your inner darkness.

VI (HAIKU OF THE IBM PC)

Letters of light
trace on the screen
the poem that didn't exist before.

VII

Bed of dreams, cradle of love, desk
for reading and poems, unmoored ship
of life setting sail, never to return:
how placidly you wait in silence
finally to become death's stage.

VIII

Sepia is the discolor of yellowing photographs
that in a few more years will have faded away
(like their ghostly inhabitants).

Life takes on the consistency of air.
The light lives on
both inside and outside the picture frame.

IX

El verso del pigmeo, la canción del zulú
el lamento de los huicholes,
el amor de los esquimales . . .

Poesía que me permite salir de mí
y tener la experiencia de otra experiencia.
Poesía que humaniza a la humanidad
y nos demuestra:
nadie es menos que nadie.

X

Pan que al romperte dejas escapar
el calor de la tierra, la humedad
del suelo en que fuiste espiga,
                danos
el sencillo milagro de este placer,
acompaña la dicha de la amistad
y una vez más recibe nuestras gracias
por liberarnos de hambre y odio.

IX

The Pygmy's verse, the Zulu's song,
The Huicholes' lament,
the Eskimos' love . . .

Poetry lets me leave myself behind
and have the experience of another experience.
Poetry humanizes humanity
and shows us that
no one is less than anyone else.

X

Bread, when we break you, you release
the warmth of the Earth, the moisture
of the soil where once you were spikes of grain.
                    Grant us
the simple miracle of this pleasure,
join the blessing of our friendship,
and once again accept our thanks
for freeing us from hunger and hate.

III. LOS NOMBRES DEL MAL

> Al chorro del estanque abrí la llave,
> pero a la pena y al furor no pude
> ceñir palabra consecuente y grave.
> —Salvador Díaz Mirón, "Melancolías y cóleras"

LA SALAMANDRA

De esta noche se fue la luz. En tinieblas
vibra la llama de una vela. Mil sombras
en la pared cambiante como nube de piedra.
En las manchas del muro Leonardo vio
dibujarse la salamandra que nace
del fuego y es de fuego y encarna
la vida invulnerable que vuelve siempre.
Para encenderse y seguir ardiendo se nutre
de muerte y fuego.

Cuando se acabe la noche, o
cuando se extinga la vela,
terminará en su llama la salamandra
y entonces
de su muerte nacerá el sol
que también es fuego
y vida y muerte y parece
la salamandra del incendio celeste.

III. THE NAMES OF EVIL

> To let the pond water flow I opened the gate,
> but couldn't find words of meaning and weight
> to fit the measure of grief and fury.
>   — Salvador Díaz Mirón, "Melancholy and Rage"

THE SALAMANDER

Light has left this night. In the gloom
a candle flame shimmers. A thousand shadows
play on the changing wall like a cloud of stone.
In the stains on the wall Leonardo saw
the outline of the salamander born
of fire, made of fire, invulnerable life
incarnate, forever returning.
To light itself and stay lit, it feeds
on fire and death.

When night ends, or
when the candle goes out
the salamander will perish in its flames
and then
from its death, the sun will be born.
It too is fire
and life and death and it resembles
the salamander of the celestial blaze.

CAÍN

Su nombre es testimonio de la Caída:
Caín, el can de la corrupción,
el perro rabioso
que la tribu mata a pedradas.
Caín, la propiedad, el poder, la soberbia.
Caín, la cárcel
del vulnerable cuerpo afligido
por el ansia de herir y dar la muerte.
Calcinación de furia homicida
para que abra la boca la tierra,
devore al muerto y produzca su fruto.
(Pero la sangre clamará venganza.)

Caín, caimán, calabozo, cadena
de capataz que sujeta al vencido
(su hijo, su hermano)
y lo convierte en bestia de labor y de carga.
Caín el canalla, Caín el cáncer
de la doliente humanidad que nacía.
Caín carnicero.
Caín el caos que reemplazó al paraíso.
Cardos y espinas lo que fue el Edén.
Sudor, dolor para labrar la tierra
que nos detesta
como intrusos depredadores.

El frío, el calor, el terremoto, el diluvio
o la sequía, la tempestad, la epidemia

CAIN

His name bears witness to the Fall:
Cain, the cur of corruption
the rabid dog
stoned to death by the tribe.
Cain, property, power, arrogance.
Cain, incarceration
in a vulnerable body afflicted
by the yearning to maim and murder.
Scorching homicidal rage
to make the earth open up,
devour the dead and bear its fruit.
(But blood will clamor for revenge.)

Cain, crocodile, cage, captor's
shackle that chains the conquered
(his son, his brother)
making them beasts of burden.
Cain the churl, Cain the cancer
of newborn, suffering humanity.
Cain, killer,
Cain the chaos that displaced Paradise.
What once was Eden is now thorns and thistles.
The sweat and pain of working the Earth
that despises us,
its plundering invaders.

Cold, heat, earthquake, flood
or drought, storm, plague

muestran hasta qué punto nos aborrece la tierra;
nos ve como insectos
torturadores que la roen por dentro
y la saquean, envenenan, destruyen.

Caín no perdonó la afrenta de que su hermano
fuera alabado.
Y le dio muerte. Quizá.
Abel también lo odiaba. (Al respecto
hay un silencio en el Génesis.)

Tal vez el precio de la Caída radique
en la fiera nostalgia de cada ser
que sin saberlo recuerda: Adán
tuvo el Edén sin compartirlo con nadie.
Eva no fue invasora ni semejante sino una parte
de su infinita perfección y su
    carne ilesa,
no esclavizada al transcurrir ni al dolor.

Caín mató a su hermano, puso en marcha
la historia.
"¿Qué hemos hecho?",
habrá exclamado Adán frente a Eva,
primera Máter Dolorosa, Pietá
con el hijo muerto,
con la primera víctima, eslabón
de la cadena interminable.

reveal how much the Earth abhors us:
we are insects
who torture it, gnaw at its insides
pillage, poison, and destroy it.

Cain couldn't forgive the offense, his brother
had been praised.
So he killed him. Perhaps.
Abel hated him, too. (Genesis
is silent on this point.)

Maybe the price of the Fall lies
in the savage nostalgia each person
unconsciously harbors: Adam
had Eden all to himself.
Eve was no intruder, nor his equal, but a
part of the infinite perfection and of his own
    unscathed flesh,
still free from pain and the passage of time.

Cain killed his brother, setting history
in motion.
"What have we done?"
Adam must have cried out to Eve,
the first Mater Dolorosa, Pietá
with her dead son,
with the first victim, the first link
in the endless chain.

A través de su cuerpo herido
entró la muerte
a compartir con el Mal este mundo.

Caín quedó condenado a ser extranjero errante
en el planeta del castigo,
a tener conciencia, a sentir culpa,
a ser conciencia culpable.

Caín, nuestro padre.
El fundador de las ciudades.

RITOS Y CEREMONIAS

Hay un hombre que ha dejado de ser indefenso y
    falible.
Ahora es el rey. No se parece a los mortales. La
    adulación
edificó en su interior una estatua
y él se siente como ella.
De mármol es su carne
y las palabras salen de su boca ya fijadas en
    bronce.
En vez de vivir, escribe con sus actos su biografía.
El cortesano
le dice abiertamente o entre lineas: "Señor,
eres el sabio, el justo, el infalible, el más fuerte.
Todo lo que haces lo bendice tu pueblo.
Tú jamás te equivocas y si no aciertas
aplaudiremos tus errores. No escucharás

Death came in
through his maimed body
to share this world with Evil.

Cain, condemned to wander,
a foreigner on a planet of punishment,
to be conscious, to feel guilt,
to be a guilty conscience.

Cain, our father.
The founder of cities.

RITES AND CEREMONIES

There's a man who is no longer defenseless and
    fallible.
Now he's king, not like mortals anymore.
    Flattery
built a statue inside him
and he feels it resembles him perfectly.
His flesh is marble,
the words that issue from his mouth are instantly
    cast in bronze.
Instead of living, he writes his biography with deeds.
The courtier
tells him openly, or between the lines: "Sire,
you're wise, just, infallible, and strong.
Your people praise everything you do.
You're never wrong, and even when you aren't right
we'll applaud your mistakes. You'll never hear
the mob's rage or the yellow grumbling

la ira de la turba ni el rezongo amarillo
de la impotencia y de la envidia. Permítenos
el resplandor de tu corona.
Que nos envuelva tu manto
en el poder que es como el fuego sagrado.
No pienses
que muchos sufren por tus decisiones. ¿Acaso
ha meditado en los animales que dan
su carne a tu banquete o los árboles
que fueron destruidos para hacer el papel
en que se estampan tus decretos?

Mañana serás polvo y error. Sobre ti
descenderá el granizo de las condenas,
la flecha incendiaria
de las ballestas enemigas. Pero no importa:
tuviste, tienes, lo que cien mil se disputan
y uno solo conquista. Eres el rey.
En ti el poder adquiere hueso y carne,
Disfrútalo
porque sin él no serías nada.
No serás nada
cuando el poder, que también es prestado
y no se comparte,
salga de ti, encarne en otro y de nuevo
seas como yo, el indefenso, el falible,
el cordero entre zarzas que mira el trono
y ve cernerse contra él y su pueblo
la eterna sombra indestructible del buitre".

of envy and impotence. Grant us
the radiance of your crown.
May your cloak wrap us
in power, like the sacred flame.
Don't worry that
your decisions cause great suffering. Have you
ever considered the animals that surrender
their flesh at your banquets, or the trees
destroyed to make the paper
on which your decrees are printed?

Tomorrow, you'll be dust and error.
A hail of condemnation
will rain down upon your head,
flaming arrows
from your enemies' crossbows. But, no matter:
you had, and have, what hundreds of thousands desire
and only one attains. You are king.
In you, power becomes flesh and blood.
Relish it,
because without it you'd be nothing.
You will be nothing
when the power that's yours on loan
and is not shared,
leaves you, moves on to another, and then
you'll be like me again, defenseless and fallible,
a lamb trapped in thorns, watching the throne,
a shadow hovering over its flock,
the eternal, implacable vulture."

ALTAR BARROCO

(Homenaje a Rosario Castellanos)

Pobreza de la enumeración ante lo simultáneo
        proliferante.
Pues cómo describir lo que nada más nuestros ojos
logran en parte conquistar,
aunque el goce no entienda muchas veces en qué
        consiste su placer.
Sin embargo, debo intentarlo, debo reducir
a mi limitación lo ilimitado.

A lo primero que asocio esta inmóvil
        festividad
es a la selva (aunque a una selva corregida
por la mano de quien la urdió). No hay batallas
de unas especies contra otras,
ni plantas arboricidas rodean los altos troncos
ni las hojas combaten por robarse la luz y el aire.
No hay guerra / sino armonía:
correspondencias, ecos y respuestas,
alianzas o más bien fecundaciones. La forma
es la lujuria, la precisión el delirio.
Abundancia no significa exceso. Nada sale sobrando.
Todo cumple un papel que no
        descifro pero intuyo.

Ésta es la imagen de la Gloria, forjada
por los que habitan el infierno. El banquete
de quienes se alimentan de tortillas con sal.
Es el gran homenaje de la deidad vencida

BAROQUE ALTAR

(Homage to Rosario Castellanos)

The inadequacy of enumeration
    before proliferating simultaneity.
But how else to describe what our gaze can only
partially grasp?
Though delight often can't comprehend
    the origin of its pleasure.
Still, I must try to reduce
the limitless to my own limitations.

The first thing I associate with this still-life
    riot of celebration
is the jungle (albeit a jungle improved
by the hand that fashioned it). Here there is no battle
between the species,
no parasitic plants encircle the towering trunks,
no leaves compete for air and light.
There is no war / only harmony:
connections, echoes, and answers,
alliances, or rather, fertilizations. Its form is
lust, precision is nonsense.
Abundance doesn't mean excess. Nothing is expendible.
Everything has a purpose which I can intuit,
    but cannot decipher.

This is the image of Paradise, forged
by the inhabitants of Hell. The feast
of those who live on salt and tortillas.
The vanquished deity's great homage

para los dioses vencedores. Pero quién sabe
hasta qué punto triunfen — porque el altar es
    también
piedra de sacrificios a otras cosmogonías y en él
    dominan
los poderes del artesano-artista que no hizo el
    proyecto
aunque al fin lo redujo a su sistema.
    Y su reino

no es de este mundo. El reino de los cielos
aparece invertido como imagen de lo que podría ser
la verdadera vida. No el premio
para el martirio esperanzado, la aceptación
de las iniquidades, en nombre de lo que nunca
    llega,
sino el rito solar que, al renovarse en cada
    amanecer,
nos dijera / lo que el altar barroco dice en silencio
cuando la luz enciende los vitrales:
    La tierra

es nuestro paraíso y la hemos vuelto infierno.
Pero observa sus dones. No la mates.
No permitas que te despoje el Mal
(bajo cualquiera de sus nombres: codicia, crueldad,
    opresión,
soberbia, desprecio, lucro).
El infierno está en todas partes y te asfixia.
El proyecto de cielo por asalto puedes verlo de bulto
en este altar barroco.

paid to the triumphant gods. But who can say
just how complete their victory is — for on this
   altar,
offerings are made to other cosmogenies too, and
   over it
reign the powers of the artesan-artist who didn't
   conceive it,
though in the end it was reduced to his system.
   And his kingdom

is not of this world. The kingdom of heaven
appears inverted, like an image of what real life
might be. Not a reward
for expectant martyrdom, nor the acceptance
of iniquities in the name of something that never
   arrives,
but a solar rite that tells us, with the renewal of each
   sunrise,
what the baroque altar utters in silence
when light illuminates the stained glass windows:
   The Earth

is our paradise and we have made it into Hell.
Treasure its gifts. Don't destroy it.
Don't let Evil snatch it away from you
(Evil in any of its guises: greed, cruelty,
   oppression,
arrogance, disdain, profit).
Hell is everywhere and it will suffocate you.
You can see the whole plan to take Heaven by storm
on this baroque altar.

ABOUT THE AUTHOR

The leading Mexican poet of his generation, José Emilio Pacheco is among the most esteemed and beloved of Mexican writers. This may seem paradoxical to U.S. readers who are accustomed to the relatively aloof, inaccessible stance of our own literary establishment. In Mexico, however, one legacy of the cultural revolution of the 1920s is a deeply ingrained sense of writers' responsibility to their audience, of carrying out public service through creative writing workshops and free readings and lectures. It is customary following such events for members of the audience — public school teachers, university students, bank employees — to take the writer out to dinner. Given this context of accessibility and José Emilio Pacheco's modesty and humility, it is little wonder that he is so beloved by his fellow Mexicans.

At the same time, Pacheco is the most erudite Mexican scholar since Alfonso Reyes (Mexico's equivalent to Jorge Luis Borges). He published his first major book of poetry, *The Elements of Night*, when he was barely twenty, and he has continued to produce a steady stream of important books — both poetry and fiction — as well as weekly essays on literary and cultural history, ever since. Pacheco's tenth book of poetry, *El silencio de la luna*, was recently awarded the Premio José Asunción Silva for the best book of poetry to appear in Spanish, in any country, between 1990 and 1995.

Given his stature in Mexico and the rest of the Spanish-speaking world, Pacheco's work deserves to be much better known in this country. *Selected Poems* and *Battles in the Desert and Other Stories* (New Directions) and *An Ark for the Millennium* (University of Texas Press) have begun to familiarize English-language readers with Pacheco's work. We hope that the two books of poems translated in this volume, *City of Memory* and *I Watch the Earth* will further contribute to this process.

Cynthia Steele is Professor of Spanish and Comparative Literature and Chair of the Latin American Studies Program at the University of Washington, Seattle. She is the author of *Politics, Gender, and the Mexican Novel, 1968-1988: Beyond the Pyramid* (University of Texas Press), and has translated *Underground River and Other Stories* by Inés Arredondo (University of Nebraska Press, 1996).

David Lauer studied Latin American Literature at both the University of New Mexico and at Stanford University. He has translated *The Empty Book* by Josefina Vicens (University of Texas Press), and poems by Elías Nandino. He is also a photographer, and a show of his work, "Spirits of the Earth," is currently travelling throughout Mexico.

CITY LIGHTS PUBLICATIONS

Acosta, Juvenal, ed. LIGHT FROM A NEARBY WINDOW:
    Contemporary Mexican Poetry
Alberti, Rafael. CONCERNING THE ANGELS
Alcalay, Ammiel, ed. KEYS TO THE GARDEN: New Israeli
    Writing
Allen, Roberta. AMAZON DREAM
Angulo de, G. & J. JAIME IN TAOS
Angulo, Jaime de. INDIANS IN OVERALLS
Artaud, Antonin. ARTAUD ANTHOLOGY
Bataille, Georges. EROTISM: Death and Sensuality
Bataille, Georges. THE IMPOSSIBLE
Bataille, Georges. STORY OF THE EYE
Bataille, Georges. THE TEARS OF EROS
Baudelaire, Charles. TWENTY PROSE POEMS
Blake, N., Rinder, L., & A. Scholder, eds. IN A DIFFERENT
    LIGHT: Visual Culture, Sexual Culture, Queer Practice
Blanco, Alberto. DAWN OF THE SENSES: Selected Poems
Bowles, Paul. A HUNDRED CAMELS IN THE COURTYARD
Breton, André. ANTHOLOGY OF BLACK HUMOR
Bramly, Serge. MACUMBA: The Teachings of Maria-José, Mother
    of the Gods
Brook, James & Iain A. Boal. RESISTING THE VIRTUAL LIFE:
    Culture and Politics of Information
Broughton, James. COMING UNBUTTONED
Broughton, James. MAKING LIGHT OF IT
Brown, Rebecca. ANNIE OAKLEY'S GIRL
Brown, Rebecca. THE TERRIBLE GIRLS
Bukowski, Charles. THE MOST BEAUTIFUL WOMAN IN
    TOWN
Bukowski, Charles. NOTES OF A DIRTY OLD MAN
Bukowski, Charles. TALES OF ORDINARY MADNESS
Burroughs, William S. THE BURROUGHS FILE
Burroughs, William S. THE YAGE LETTERS
Cassady, Neal. THE FIRST THIRD
Churchill, Ward. A LITTLE MATTER OF GENOCIDE
CITY LIGHTS REVIEW #2: AIDS & the Arts
CITY LIGHTS REVIEW #3: Media and Propaganda
CITY LIGHTS REVIEW #4: Literature / Politics / Ecology
Cocteau, Jean. THE WHITE BOOK (LE LIVRE BLANC)
Cornford, Adam. ANIMATIONS
Corso, Gregory. GASOLINE

Higman, Perry, tr. LOVE POEMS FROM SPAIN AND SPANISH
    AMERICA
Jaffe, Harold. EROS: ANTI-EROS
Jenkins, Edith. AGAINST A FIELD SINISTER
Katzenberger, Elaine, ed. FIRST WORLD, HA HA HA!: The
    Zapatista Challenge
Kerouac, Jack. BOOK OF DREAMS
Kerouac, Jack. POMES ALL SIZES
Kerouac, Jack. SCATTERED POEMS
Kerouac, Jack. SCRIPTURE OF THE GOLDEN ETERNITY
Lacarrière, Jacques. THE GNOSTICS
La Duke, Betty. COMPAÑERAS
La Loca. ADVENTURES ON THE ISLE OF ADOLESCENCE
Lamantia, Philip. BED OF SPHINXES: SELECTED POEMS
Lamantia, Philip. MEADOWLARK WEST
Laughlin, James. SELECTED POEMS: 1935–1985
Laure. THE COLLECTED WRITINGS
Le Brun, Annie. SADE: On the Brink of the Abyss
Mackey, Nathaniel. SCHOOL OF UDHRA
Masereel, Frans. PASSIONATE JOURNEY
Mayakovsky, Vladimir. LISTEN! EARLY POEMS
Mrabet, Mohammed. THE BOY WHO SET THE FIRE
Mrabet, Mohammed. THE LEMON
Mrabet, Mohammed. LOVE WITH A FEW HAIRS
Mrabet, Mohammed. M'HASHISH
Murguía, A. & B. Paschke, eds. VOLCAN: Poems from Central
    America
Murillo, Rosario. ANGEL IN THE DELUGE
Nadir, Shams. THE ASTROLABE OF THE SEA
Parenti, Michael. AGAINST EMPIRE
Parenti, Michael. DIRTY TRUTHS
Pasolini, Pier Paolo. ROMAN POEMS
Pessoa, Fernando. ALWAYS ASTONISHED
Peters, Nancy J., ed. WAR AFTER WAR (City Lights Review #5)
Poe, Edgar Allan. THE UNKNOWN POE
Porta, Antonio. KISSES FROM ANOTHER DREAM
Prévert, Jacques. PAROLES
Purdy, James. THE CANDLES OF YOUR EYES
Purdy, James. GARMENTS THE LIVING WEAR
Purdy, James. IN A SHALLOW GRAVE
Purdy, James. OUT WITH THE STARS
Rachlin, Nahid. THE HEART'S DESIRE
Rachlin, Nahid. MARRIED TO A STRANGER